税收滞纳金制度
建设研究

汪小龙　许淑君　丁佐琴／著

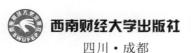

西南财经大学出版社

四川·成都

图书在版编目(CIP)数据

税收滞纳金制度建设研究/汪小龙,许淑君,丁佐琴著. —成都:西南财经大学出版社,2021.9

ISBN 978-7-5504-4149-1

Ⅰ.①税…　Ⅱ.①汪…②许…③丁…　Ⅲ.①税法—研究—中国

Ⅳ.①D922.220.4

中国版本图书馆 CIP 数据核字(2019)第 209968 号

税收滞纳金制度建设研究

汪小龙　许淑君　丁佐琴　著

责任编辑:杨婧颖

封面设计:墨创文化

责任印制:朱曼丽

出版发行	西南财经大学出版社(四川省成都市光华村街55号)
网　　址	http://cbs.swufe.edu.cn
电子邮件	bookcj@swufe.edu.cn
邮政编码	610074
电　　话	028-87353785
照　　排	四川胜翔数码印务设计有限公司
印　　刷	郫县犀浦印刷厂
成品尺寸	170mm×240mm
印　　张	11.25
字　　数	269 千字
版　　次	2021 年 9 月第 1 版
印　　次	2021 年 9 月第 1 次印刷
书　　号	ISBN 978-7-5504-4149-1
定　　价	75.00 元

前言

　　随着我国市场经济的发展和改革的深入，不管是在法理论研究的深度方面，还是在比较法研究的广度方面，我国的税法学理论都获得了长足的发展。税法学是研究调整税收关系的专门性学科，与会计法学、审计法学同属于财政法学范畴。目前，税收法律关系学说已从税收权力关系说发展到税收债务关系说和税法学独立说。《中华人民共和国税收征收管理法》的历次修订促进了税收征管的较大进步，比如，税收事实的法定化、税收认定标准的细化，以及税收处罚的听证程序和税收强制的禁止行为规定的明确等。但我国税收征收管理的问题仍然存在，如我国税收滞纳金制度建设仍存在一些不足：一是实体法层面法定主义的源头缺失，二是程序法层面司法救济的制度性缺陷等。从近几年的税收滞纳金司法案例来看，税收滞纳金的诉讼通常是连同税收行政诉讼一并提出的，税收双重前置程序增加了税收滞纳金案件进入司法救济程序的难度。本书以税收滞纳金制度建设为研究对象，分析税收滞纳金的制度变迁，总结其理论基础，探讨税收滞纳金的独特性质。从行政法一元规制到公私法融合发展的内涵和外延层面总结税收滞纳金的损害赔偿说、行政处罚说、行政秩序罚说及其他学说，通过借鉴税收滞纳金司法判例，为税法学理论的研究和完善尽绵薄之力。

本书从行政法学与民法学的视角，结合 2015 年《中华人民共和国税收征收管理法修订草案（征求意见稿)》的内容，首先，论述了税收滞纳金的产生、发展及其性质基础；其次，从域外税收征管制度与税法学发展进程的角度，对我国现有税收滞纳金概念加以比较研究，进而探求适合我国税收征管的税收滞纳金概念和性质，构建税收滞纳金征管制度，完善相关法域的制度衔接；再次，从法理学的角度，深入比较研究税收滞纳金法律构成要件，就有关税收滞纳金的概念、功能和目的进行分析；最后，提出税收滞纳金在法律威慑、法益保护和强制执行程序的规制补强，初探适合我国的税收滞纳金制度体系。

　　本书不足之处，恳请读者和专家批评指正。

汪小龙

2021 年 4 月

目录

第一章 绪论

第一节 税收滞纳金相关概念

一、税法学的概念

税法学是研究对税收关系进行法律调整的专门学科，与会计法学、审计法学同属于财政法学范畴，是新兴学科。

税法学的研究对象是税收法律制度，研究任务是为税收法律调整提供依据，研究内容主要有以下几个方面：

（1）税法的一般理论，包括税法的性质、特点、基本原则、职能和任务，税收政策和税收法规的关系以及税法的产生和发展等。

（2）税法实体规范，包括税收管理制度、纳税登记制度、纳税鉴定制度、纳税申报制度、纳税检查制度、发货票管理制度、税收纠纷和违章处理制度等。

（3）税收立法的预测和展望，包括税收法规建立、发展及变化的前景，税制改革中的法律问题及税收法律规范体系。

（4）各国税收法律制度的比较，包括不同法系、不同社会制度的国家在税收立法方面的共同点及主要差别，国际税收协定和条约，以及国际经济交往中的税收法律问题。

税法学与相关学科的关系：

（1）税法学与经济法学的关系。经济法学是一门研究经济法现象及其发展规律的学科，侧重于经济法的基本理论、体系和内容的研究。总体上说，税法学是经济法学重要的分支学科，它与企业法学、公司法学、合同法学、商标法学等共同构成经济法学体系。税收作为国家调控经济的一个重要手段，在经济法学的宏观调控内容中应有涉及，但税法学与经济法学在阐述税收与税法的内容上应各有侧重。经济法学应围绕税收和税法的宏观调控手段进行研究，主要应阐明税收宏观经济调控的手段运用；而税法学则应围绕税法的基础理论和税收法律规定进行研究，主要应阐述税法的具体法律内容，并明确个税应纳税额的计算及其征收管理。

（2）税法学与财政学的关系。财政学是一门研究财政现象及其发展规律的应用理论学科，主要包括对财政理论、财政活动和财政政策的研究。其中财政活动包括财政的收入和支出，而税收是财政收入的主要来源，所以财政学收入理论的核心必然是税收。因此，财政学在税法的立、改、废过程中发挥着重要的影响。财政学中的宏观财政政策、分税制财政体制、税款缴库和转移支付制度等方面内容，都与税法学有着密切的关系。财政学是从宏观角度来分析财政现象，其更多地关心税收资金的运动过程，研究如何提高税收经济活动的效率，减少税收的负面影响；而税法学是对财政学研究领域的税收问题从更侧重法学的角度进行分析的学科，其更多地着眼于主体之间的权利义务关系，并考虑纳税人基本权责的实现过程，以体现对征税权的制衡和对纳税人权利的保护。

（3）税法学与税收学的关系。从某种意义上说，税法学与税收学是站在不同的角度对同一个问题进行研究的，因为税收法律关系与税收关系从来都是合二为一的整体。税法学是研究如何对税收关系进行法律规范的学科，其从宪法出发确定权利与义务，并使这些权利与义务得以实现；税收学是研究如何对经济活动进行分配的学科，探索税制各要素与经济变动之间的函数关系，不断优化税制结构，达到税收的最佳调控目标。二者研究对象重叠，研究视角各异，研究内容各有侧重。税收学更多地关注作为财政收入的税收资金的运动过程，税法学则更多地着眼于税收主体之间权利义务关系的定位，从宪法学国家权力来源的角度出发，设计纳税人主权的实现过程。将二者完全混同，就等于取消了税收学与税法学的学科界限，无视了税法学的存在价值。

（4）税法学与会计学的关系。会计学是一门研究会计现象及其发展规律的学科，侧重于会计理论和资本运营的研究，并构成税法学研究的重要基础。在研究对象上，会计学主要研究企业资本运营状况和效益最大化措施；税法学研究的是包括企业纳税人和自然纳税人以纳税义务为核心的经济活动。会计学研究讲求会计核算的真实性和效益性，真实性即经济业务发生的真实与可靠程度，效益性即要求不断降低成本、追求利润最大化。税法学研究讲求经济运行的合理性与合法性，合理性即讲求核算的相对平均社会成本及税收分配的公平与效率问题，合法性即在依照税法的基础上不考虑征税成本而做到应收尽收。

此外，当两者研究的法律内容不协调、不一致时，则应按税法计算调整企业纳税数额的规定来进行研究。

总之，税法学已具有综合社会科学的典型特点。在对税法现象进行全方位研究时，应当综合政治学、行政学、财政学、经济学、会计学等一切社会科学加以分析。这种综合分析方法是研究现代法学的共同方法。当然，它们彼此在具体运用过程中存在着一定的差异和共性。

二、税收征管法的概念

从广义上说，税收征管法是指调整税收征收与管理过程中所发生的社会关系的法律规范的总称。税收征管法包括国家权力机关制定的税收征管法律、国家权力机关授权行政机关制定的税收征管行政法规和有关税收征管的规章制度等。税收征管法属于税收程序法，是以规定税收实体法中所确定的权利义务的履行程序为主要内容的法律规范，是税法的有机组成部分。税收征管法不仅是纳税人全面履行纳税义务必须遵守的法律准则，而且是税务机关履行征税职责的法律依据。

从狭义上说，我国的税收征管法是指 1992 年 9 月 4 日第七届全国人大常委会通过的、历经 1995 年 2 月 28 日第八届全国人大常委会第一次修改和 2001 年 4 月 28 日第九届全国人大常委会第二次修改的《中华人民共和国税收征管法》（以下简称《税收征管法》）。它是新中国成立后的第一部税收程序法，也是我国税收征管的基本法。

我国现行《税收征管法》同原有税收征管法规相比，具有以下突出特征：

（1）统一了对内税收和涉外税收的征管制度，实现了一切纳税人在适用税收征管法上的平等。

（2）强化了税务机关的行政执法权，增强了税法的刚性。

（3）完善了对税务机关的执法制约制度。

（4）完善了对纳税人合法权益的保护制度。

（5）完善了法律责任制度。

（6）确立了税务代理制度。

《税收征管法》只适用于由税务机关负责征收的各种税收的征收管理，就现行有效税种而言，具体适用增值税、消费税、资源税、企业所得税、外商投资企业和外国企业所得税、个人所得税、土地使用税、土地增值税、城市房地产税房产税、车船使用税、车辆购置税、印花税、城市维护建设税、筵席税、屠宰税、证券交易税等征收管理。但是，我国同外国缔结的有关税收的条约、协定同该法有不同规定的，则依照有关条约、协定的规定办理。

三、行政滞纳金与税收滞纳金的异同

税收滞纳金在现实中的适用兴起于我国改革开放以后。新中国成立之初实行计划经济体制，奉行的是社会主义非税论，国有企业上缴的利润为国家财政主要收入来源（史学成，2004）。本书要厘清税收滞纳金现实适用形成的规范化、系统化和定型化的秩序体系。

税收滞纳金征收制度自1950年颁布以来，行政领域陆续引入"滞纳金"制度①，因此，研究税收滞纳金现实适用，厘清行政主体与行政相对人之间、公用事业领域与接受服务者之间、普通民事平等主体之间的行政处罚滞纳金与税收滞纳金的概念尤其重要。笔者对行政处罚滞纳金和税收滞纳金案例进行了整理，反映出司法实践中各滞纳金现实适用的区别如下：

（1）两者涉及主体不同。行政处罚滞纳金主体为行政机关与行政相对方，而税收滞纳金包括三方主体，即纳税义务人、国家和征税机关（2018年《税收征管法》修订稿规定公安机关具有协助义务，届时税收滞纳金制度将包含四方主体②）。

（2）这两种滞纳金侵犯的客体不同。行政处罚滞纳金侵犯的客体是社会公共利益或行政管理秩序；而税收滞纳金制度侵犯的客体包括金钱客体（税金）和行为客体（偷逃税行为等）。

（3）法院审理的自由裁量权不同。行政处罚滞纳金的自由裁量包括处罚的金额、履行的期限、分期履行、减免加重情节认定、执行方式等方面；而税收滞纳金制度不允许存在自由裁量的空间，依据税收法定主义原则，按照法律规定的比例、期限等实体因素，按法定程序征收。

（4）这两种滞纳金的强制执行不同，行政处罚滞纳金适用《中华人民共和国行政强制法》（简称《行政强制法》）第四十五条③；而税收滞纳金依据《行政强制法》之强制措施与执行在第四十五条的适用，因我国法院审理类似

---

① 1951年的《劳动保险条例》、1979年《关于公路养路费征收和使用的规定》以及1982年《环境保护法征收排污费暂行办法》等在其他诸如银行"违约滞纳金"、邮政、电信、供水供电《全国供用电规则》等，甚至在上海高轩货运代理公司与上海悦翔集装箱运输公司的合同纠纷民事案件中，亦有"如未按期，按支付费用每日千分之五计算滞纳金给原告"等内容。

② 参见《中华人民共和国税收征收管理法（修正案）》，该法六十八条规定："税务机关采取强制执行措施时，可以提请公安机关协助，公安机关应当予以协助"。

③ 参见："行政机关依法作出金钱给付义务的行政决定，当事人逾期不履行的，行政机关可以依法加处罚款或者滞纳金。加处罚款或者滞纳金的标准应当告知当事人。"

案件均认为税收滞纳金不属于行政处罚性质，故不受此条规定之限制。

（5）这两种滞纳金依法减免、缓交的规定不同。行政处罚滞纳金行政机关享有减免和缓交的自由裁量权；而税收滞纳金的减免和暂缓情况，并无行政自由裁量之空间，仅在《税收征管法》第三十三条规定："纳税人依照法律、行政法规的规定办理减税、免税"，对于具体的减免税规定并无细化。

从地方立法反馈来看，《北京市地方税务局欠缴税款管理办法》第二十四条规定："纳税人与扣缴义务人有四种情形[①]之一的，可以申请减免税收滞纳金。"第二十五条规定："纳税人、扣缴义务人符合上述条件的，应当在缴纳欠缴税款后次日起 3 日内填写《减税免税申请书》（注明滞纳金），向主管税务所提出减免滞纳金申请。纳税人、扣缴义务人缴纳滞纳金确有困难的，还应向主管税务所报送当期银行对帐单及财务报表等资料。"同时，杜永奎（2010）建议可以开展税收滞纳金依法减免、缓交的可行性研究，比如对特困国有企业实施的银行贷款挂账停息等。笔者认为，税收滞纳金不属于行政处罚，行政机关没有自由裁量之空间，亦不能超越《行政强制法》第十九条与第四十条之明文减免和终止之规定。且下位法无权对于上位法未规定之内容进行设定——这点为《中华人民共和国立法法》所明确。对于税收滞纳金减免的研究，应以税收滞纳金征收制度立法的改革为前提。

四、行政法规视野下税收滞纳金的民事责任、行政责任与刑事责任的概念

税收滞纳金制度被认为是一项侵权性规范。美国霍姆斯法官认为，税收是一种"文明的对价"（伯纳德·斯瓦茨，2011），纳税主体需要为维持秩序和公正支付税金。税收是非中性的制度，税收滞纳金依附于税收存在，其制度也是非中性的。当政府行为可能对个人的权利构成减损时，应当依照法定权限与程序，在法律的规范下行使权利，税收滞纳金制度属于行政法的部门法。关于税收滞纳金的民事责任，行政责任与刑事责任的区分界定如下：

（1）税收滞纳金的民事概念引入体现在如《税收征管法》第五十条规定上[②]。德国税法学家阿尔伯特·亨泽尔（Albert Hensel）认为，税收滞纳金是

---

① 参见：①欠缴滞纳金的纳税人、扣缴义务人能积极补缴欠缴税款，并主动提供其他单位和个人偷逃税款线索的，经查属实，追缴税款数额较大的；②纳税人、扣缴义务人在税务机关实施税务检查中，积极配合检查，及时足额缴纳补税款且缴纳滞纳金确有困难的；③纳税人、扣缴义务人缴清全部欠缴税款且缴纳滞纳金确有困难的；④纳税人、扣缴义务人主动补缴税款的。

② "欠缴税款的纳税人因怠于行使……，对国家税收造成损害的……"，可以依据《合同法》第七十三条、第七十四条的规定行使代位权、撤销权……

公法上的纳税人的应付债务行为（翟继光，2007），除法明文规定，应与民法保持一致，以维持税收滞纳金制度的整体安定性和可期待性。税收滞纳金制度在美国是《合同法》上的概念，反映国家与国民契约关系，税收诉讼案件分联邦和州两级法院受理，都在民事法庭审理。

（2）税收行政责任包含警告、罚款、责令停产停业、暂扣或者吊销许可证营业执照、没收非法财物、行政拘留等；涉税刑事责任包括包含逃税罪、抗税罪、骗税罪等。

（3）涉及的行政责任和刑事"责任聚合"责任。这是指行为人同一个行为违反了行政法和刑法规定之义务，符合两个责任构成要件，体现在行政处罚与行政刑罚两个方面。税收的行政责任为追缴税款、行政罚款和税收滞纳金等。苏州大学法学院李晓明教授的《刑事刑法新论》就涉税行政刑罚提出"新三元制裁体系"（刘艳红，2017），其构建了"行政法—轻罪法—刑法"新行政刑罚制裁体系。因此，税收滞纳金作为特殊行政部门，其实体性要素受到广泛的行政约束，虽独立的民法合同空间甚少，但是行政合同（例如税收滞纳金延期支付、分期支付、和解）在特殊情况的处理之"对等权合同"仍然是行政法的重要研究对象，行政责任与民法责任的"聚合"亦对税收滞纳金产生长期影响。

（4）纳税客体主观意识决定了民事责任、行政责任与刑事责任的不同。在本书引用的案例一与案例三中，我国对于引起税收滞纳金之恶意与善意的标准没有细化，案例一对善意的欠税行为免交了税收滞纳金，而案例三未予认定其为善意。

综上，笔者提出一个假说：我国税收滞纳金制度游离在民法和行政法约束间，是国家利益观下行政法学的悖论——让我们从奥托·梅耶说起。税收纳入行政法学领域，首先是从行政法学奠基人奥托·梅耶的"税收权力关系说"开始的。德国自1919年《德国税收通则》颁布以来，"税收债务学说"成为税收学主流学说，对奥托·梅耶的把税收视为个人对国家的一种义务，税收具有强制性和无偿性的观点基本持批评态度。我国税收滞纳金制度在"国家利益至上观"背景下发展起来，税收滞纳金制度对奥托·梅耶"行政法学"目标出现背离，体现在：第一，行政法学为摆脱"国库论"下的税收政策，对"皇帝、君主或者其他权利拥有者的限制"将税收置于诉讼程序立法的保护下。我国税收滞纳金制度超越《行政强制法》之滞纳金"不得超过罚款本身"的限制，且税收滞纳金救济受到"双重前置"（王霞 等，2015）的阻碍。故笔者认为税收滞纳金制度一定程度上与行政法学之"纳税人保护"目标背离。

第二，北野弘久主张的"租税债务关系说一元论"与"国库论"同为税收纳入民法，相应税收滞纳金制度是否会是"税法的一种倒退"呢？答案是否定的。因为现在的"税收债务关系说"或者"租税一元论"与"国库说"的理论支柱不同，近代的税收理论认为税收法律主义和民法制度是税收滞纳金制度或者税法制度的基础。纵观我国税收滞纳金制度"补偿说""和解程序""抵销制度""判决和举证责任"等准用民法规定，税收滞纳金制度的这种行政法与民法的游离给当前税收滞纳金现实中的司法实践造成不确定性，也是矛盾的根源。甚至部分学者悲观地认为：在与日俱增的财政压力下，税法将不断干涉民法领域，据此发展起来的税收滞纳金制度与奥托·梅耶"纳税人保护"目的而设立的"行政法"相互矛盾。

第二节　税收滞纳金的特征

一、滞纳税款的依附性

本节探讨的中心问题是使用何种法律手段调整税收滞纳金制度征纳双方的权利义务内容，为此，在上文初步辨析了税收滞纳金适用的法律手段的含义及其表现形式。本段中将逐步展开税收滞纳金的概念、类型和特征，也就是确认税收滞纳金"是什么"的过程。

第一，税收滞纳金的产生、消灭都依附于税款，这是其特征之一，税收滞纳金与税收征收是一个相伴的概念，应该说"税收之债不履行"（孙成军，2014）自税收的产生而产生，"税收之债"表达的是国家和纳税人之间的金钱给付关系，这种金钱给付的范围有多大？税收滞纳金之债是税之债、处罚之债、税收从属之债、还是税收附带之债呢？施正文教授在其专著中提出税收滞纳金之债为附带之债（施正文，2008）。

第二，税收滞纳金的核算源于税款欠缴（滞纳金＝未按期缴纳的税款×滞纳天数×万分之五）。按《税收征管法》第三十二条规定[①]可以看出，税收滞纳金不仅源于税收之债，而且核算的期日和征收基数取决于"税款"应纳之日和金额。

第三，税收滞纳金源于"税款"义务，核算金额以"税款"为基础条件，

---

① 参见"纳税人未按……扣缴义务人……从税款滞纳之日起，按日加收滞纳税款万分之五的滞纳金"。

但是税收滞纳金可以超过"税款"本金。根据《国家税务总局关于税收优先权包括滞纳金问题的批复》①的相关规定："税收滞纳金与罚款两者在征收和缴纳时顺序不同，性质不同，不受第四十五条限制。"

二、催促履行的目的性

税收滞纳金的目的是催促纳税义务人尽快缴纳税款，故其天然属性侧重于税务实践。跟税务机关的行政处罚的三种类型（罚款、没收、停止）出口退税权不同：

（1）税收滞纳金属于行政执行罚，税务实践适用强制执行行为。按照《国家税务总局关于修改〈税务行政复议规则〉的决定》第三章第十四条第（一）项的规定，加收税收滞纳金属于征税行为。国家税务总局的发文是"学理解释"，法律效力低于法律法规和其他规范性文件。无论税收滞纳金是催促义务人履行义务的"间接强制执行方式"还是学理解释的"征税行为"，都可以看出税收滞纳金的显著特征：侧重于制度的执行和效果保障。

（2）税收滞纳金的税务实践这一特性还体现在强制执行方式的专有属性上。实践中，行政处罚和代执行可以申请人民法院强制执行。但是税收滞纳金制度依据《税收征管法》第二十九条、第四十一条的规定②按照文义解释，这种排除也是包括转让给法院的。

三、程序正当的基础性

正当法律程序原则有广义和狭义之分。广义的正当法律程序原则上是指整个行政法程序的基本原则，包括行政公开、公平、公正原则，也包括行政程序具体原则。狭义的正当程序在原则上仅指相当于英国行政法中自然正义和美国行政法中正当法律程序的原则。

行政机关作出影响行政相对人权益的行政行为，必须遵循正当法律程序，包括事先告知相对人，向相对人说明行为的根据、理由，听取相对人的陈述、申辩，事后为相对人提供相应的救济途径等。

正当法律程序起源于英美法系中的一项原则，源头可追溯到英国普通法中古老的自然正义。自然正义有两项基本内涵，一是任何人在受到不利处分之前

---

① 参见国家税务总局《国家税务总局关于税收优先权包括滞纳金问题的批复》，国税函〔2008〕1084号，2008年12月31日。

② 参见"……保全措施、强制执行措施……不得由法定的税务机关以外的单位和个人行使"。

应当获得公平听证的机会。二是任何人不得做自己案件的法官。基于正义不仅应当得到实现，而且应当以看得见的方式得到实现，自然正义的两项基本内涵逐渐从司法过程扩展到同样在具体案件中实现法律个别化。

自然正义的两项内涵构成了贯穿于正当法律程序中的基本理念，现代法学家将其分别表述为程序参与性原则和程序中立性原则。在行政法中，程序参与性原则要求受到行政决定影响的人能够充分而有效地参与行政决定的制作过程，对决定的结果发挥积极的作用；程序中立性原则要求行政决定的制作者在行政程序的各方参与人之间保持超然和无偏袒的态度和地位，并对各方当事人的主张、意见和证据予以同等的尊重和关注。这两项原则同时具有三个方面的功能：

（1）它使得行政决定的承受者（权利义务受到行政决定影响的人）能够有效地参与决定的过程，从而彰显了在一个文明社会中个人作为道德和法律主体所应受到的尊重；

（2）它使来自各个方面的信息能够在行政过程中获得有效的表达和公平的衡量，从而有助于行政决定的正确性；

（3）由于行政决定的承受者已经在程序中获得了有效影响程序结果的机会，因而当事人对不利结果的承受增添了"自负其责"的意味。以上三个方面的功能共同促成了行政权力运行过程的正当化。

四、法益规范的侵权性

税收滞纳金属于侵权性规范，程序正当性是其基础。目前，我国的税收滞纳金属于行政秩序罚的概念。税收滞纳金制度研究围绕税收行政、税收征收、税收执行和税收救济展开，以税收滞纳金正当程序为中心，形成一个税收滞纳金独立的程序体系。目前《税收征管法》（国务院法制办修订"征求意见稿"，以下称为《2015税征草案》）增加了"起算时间、税额确认、预约裁定、行政复议取消税款缴纳或提供担保前置……"等税收滞纳金的法律性质、类型、法律后果、法律救济等较为完整的设计。我国的《税收征管法》并无"课税处分"（陈清秀，2012）概念和制度，实践中，课税审判多借鉴国家税务总局的批复文件。税收滞纳金所作之程序可以借鉴税收处罚程序，大致可以分成证据调查、事先听取意见、税务处理决定书的制作（税收罚款内容出具的是"税务行政处罚决定书"）、行政复议、行政诉讼和税收强制执行决定书制作和执行等。

五、权利义务的对等性

权利义务的对等性是指法实践论与法认识论下税收滞纳金的对等保护权（哈特穆德，2000）。我国税收滞纳金区别于税金的公益性和无直接对价性，对税收滞纳金不履行规制的限度应进行必要限制。如前述及，税收滞纳金制度可以引入私法平等和合作精神，既保障了税款的征收安全，同时也保护纳税人的合法权益。税收滞纳金区别于其他制度的一大特征：对等保护权——注重税收滞纳金法律关系的实体法关系是私法上债权债务关系"类似的"公法关系。金子宏坚持税收程序性法律关系为行政关系，而实体性法律关系为私法关系的二元论观点。借此平衡国家主体、行政机关主体与纳税者之间的权力义务对等（金子宏，1989），因税收滞纳金不完全同于税收强制性和无偿性的公法性质。罗伯特·阿列克西在《法律论证理论》指出，一种制度是否具有理性取决于两个方面，即法律的"实践言说"（法的实践性）和"专门的修正程序"（法的认识论）。从法实践论的观点来看，税收滞纳金制度法律关系可以理解为私法框架的债务关系。

六、债法适用的同一性

税收滞纳金的本质是具有民法债权的适用同一性。税收滞纳金与税金的主要区别体现在：征税权、征收基础、适用程序等的不同，税收作为公民对国家提供公共服务产品的对价，通说认为税收具有特殊性，有法律主义原则、不能任意转让权利、不能援用民法规定以补充公法之欠。笔者认为，税收滞纳金为基于税款欠缴后，以向纳税义务人催收为目的的制度，其本质不是税收公法性质，而是对特定纳税义务人的请求一定给付权利，往往与民法上的债权具有适用的同一性，所以税收滞纳金的重要特征是可以适用民法规定。关于这一点，现行的德国、日本和美国的税法学家基本统一，我国《2015税征草案》中的"税收利息"将税收滞纳金的补偿性分拆出来，亦在一定程度上赞同了现行税收滞纳金具有"民法债权适用同一性"[①]。

七、给付义务的法定性

附随义务是指合同关系在发展过程中及合同关系终止后的一定时期内，依

---

① 最早提出税收滞纳金区别税金适用民法债权同一性的是由我国台湾地区的法学家苏嘉宏和洪荣斌在《行政法概要：行政法的基本概念、行政法作用、行政组织法》一书中提出的。

诚实信用原则当事人所应负担的给付义务以外的义务。附随义务的理论基础来源于诚实信用原则，确立附随义务有利于平衡各方利益关系，强化对债权人的保护，维护社会秩序稳定及完善合同法立法与理论。附随义务内容随合同关系的发展而有不同的体现，基于附随义务发生阶段的不同，违反附随义务的法律后果也不同。附随义务随合同关系的不断发展，表现出不同的内容。我国合同法对附随义务内容的规定大体包括了以下几个方面：

（1）通知义务。通知义务又称告知义务，是指合同当事人应将对合同相对方利益有重大影响的事项告知对方的义务。如《中华人民共和国合同法》（以下简称《合同法》）第一百五十八条规定："当事人约定检验期间的，买受人应当在检验期间内将标的物的数量或者质量不符合约定的情形通知出卖人。"

（2）说明义务。说明义务是指合同当事人对合同相对方利益有重大影响的事项负有向对方说明的义务。如《合同法》第一百九十九条规定："订立借款合同，借款人应当按照贷款人的要求提供与借款有关的业务活动和财务状况的真实情况。"

（3）协助义务。协助义务是指合同当事人应协助对方履行义务，以使合同目的能顺利实现的义务。在合同关系上，债务人所负的履行义务多数是积极的给付义务，以满足债权人利益为目的。而债权人要现实地享有合同利益，就必须以自己的行为接受债务人的履行、配合债务人完成履行行为。如果没有债权人的配合、创造必要的条件，合同将无法得到履行或不能达到履行的效果。为平衡当事人之间的利益，诚实信用原则要求债权人负协助义务。如《合同法》第二百五十九条规定："承揽工作需要定作人协助的，定作人有协助的义务。"

（4）照顾义务。照顾义务是指债务人履行合同时，应以谨慎、诚实的态度照顾合同相对方及合同标的物，辅助债权人实现给付利益。

如《合同法》第一百五十六条规定：出卖人应当按照约定的包装方式交付标的物。对包装方式没有约定或者约定不明确，依照本法第六十一条的规定仍不能确定的，应当按照通用的方式包装，没有通用方式的，应当采取足以保护标的物的包装方式。附随义务具有法定性，合同法属于私法范畴，合同法中的大多数条款均属于任意性规范，当事人在不违反法律强制性规定的前提下，可以在契约自由原则的框架内自主决定合同内容，合同中双方的权利和义务的设定具有任意性；而附随义务则是基于诚实信用原则产生的，即使当事人双方在订立合同时没有约定，也不影响该种义务的存在，而且，此类义务在一般情况下当事人也无权废止。

八、行政执行的强制性

强制执行是指执行人员运用执行措施强制义务人履行义务，使生效的法律文书得以实现的活动。执行程序开始后，人民法院不应立即采取强制措施强制执行。执行人员应当认真做好以下准备工作：

（1）了解案件，明确需要执行的事项。其次，明确了执行事项和范围后，通过询问被执行人了解其拒不履行的原因和其履行义务的能力。

（2）应向被执行人发出通知，责令其在确定的期限内履行义务。逾期不履行的，即强制执行。行政执行是国家行政机关及其公务人员依据法律、法规、规章，充分调动政府资源，通过一定运作机制，逐级贯彻国家权力机关和上级的政策、决策，推行国家政务和执行行政决定，以落实公共事务管理和公共服务诸任务的全部活动过程。

行政执行一般有如下原则：

（1）绩效原则。绩效原则是指行政执行的全过程，包括准备阶段、实施阶段和监控阶段的所有行为都必须按照适用经济的原则进行，力求以最小的执行成本获得最佳的政策效果。

（2）符合决策原则。符合决策原则指所有的行政执行计划、组织、指挥、沟通、协调的方向都必须符合所执行的政策和决策的精神，不能自行其是，甚至歪曲执行。

（3）灵活变通原则。由于现实环境因素的复杂性和多变性，行政执行必须具有灵活变通的特性，适应执行环境的变化，及时调整执行计划，以保证原有决策、政策圆满实施。

（4）民主集中制原则。行政执行的过程是一个不断搜集意见、不断调整执行方案的过程，因此，应该坚持民主集中制的原则，既能集思广益，又有适当的集中，保证执行过程有效开展。

九、公私法调整的融合性

这个观点是由美国法学家杰罗姆·霍尔（Jerome Hall）于20世纪40年代提出的，旨在推动各主要法学派的融合，建立"适当法理学"的法学运动。它是20世纪影响较大的一个法学运动，其主要思想是对自然法学、分析法学、社会法学三大法学流派进行综合，倡导法哲学的一体化运动。统一法学认为法律研究应当是对法的价值、形式、事实的研究，而以往的法学流派只侧重于其中一个方面的关注是不正确的，统一法学提倡的全面考察法律的方法是一个创新，但是统一法学忽视三大法学流派产生的社会根源，意图消除它们的界限，对其进行思想统一，是不切合实际的。

综合法学的独到之处，即其"综合性"。体现在以下密切相关的几个方面：

（1）综合法学对法律本质的研究是从多种角度、多个层面展开的。阿诺德·汤因比说："人类观察者不得不从他本人所在的空间的某一点和时间的某一刻上选择一个方向，这样，他必定是以自我为中心的，这是成为人的一部分代价。旧人类视角的这种局限性势必也会制约着人类对法律本质的把握。"对于这一点，综合法学颇有洞见。博登海默曾打过一个比喻："法律是一幢带有许多大厅、房间、凹角、拐角的大厦，在同一时间里想用一盏探照灯照亮每一间房间、凹角和拐角是极为困难的，尤其当技术和经验受到局限的情况下，照明系统不适当或至少不完备时，情况就更是如此了。"如何克服这一点？综合法学主张，必须承认各学派研究视角和研究层次的合理性，并发挥他们各自的优势，从而获得一个综合性的分析工具，使人们能够用以对法律做全面的、综合的认识和理解。综合法学的这一主张是发人深省的。法律本质从根本上来说是一个立体的、多层次的复杂结构。我们从一个单一的视角是难以对其做出全面的把握的，而以往各学派的视角选择是有其必然性和合理性的，而同时又有其无法克服的局限性，因此他们都无法完成对法律本质的全面把握。综合法学看清了这一点，所以其主张发挥各学派分析视角的各自优势，形成一种综合、立体的视角，从而从多种视角、多个层次去立体化地把握法律的本质。

（2）综合法学主张各学派有效研究方法的融合与统一，坚持整体的方法论。斯通根据他对西方法哲学著作的考察，把西方法哲学分为分析法学派、社会法学派和自然法学派，他们分别代表了不同的方法论。"这三种主要的研究方法曾分别被分析法学派、社会法学派和自然法学派崇尚为根本的甚至是唯一的方法，三者形成一种相互排斥的局面。"斯通主张现代法理学的任务是"系统阐述法的概念和理论，以帮助人们理解法的性质、法律权力的根源以及在社会中的作用"，并为"那些涉及制定、适用、改进或一般理解法的人提供智力上的需求。"而要完成法理学的这一任务，仅靠某种单一的法学研究方法是不可能的。法律是一个由多方面、多层次的因素构成的复杂的有机体系，单一的研究方法只能把握这一复杂体系的某一方面和某一层次的局部，而不可能对其获得全面的认识。例如，分析实证主义法学强调的形式逻辑的方法，就无法回答法律的价值和事实方面的问题，于是"恶法非法"与"恶法亦法"也就成了一个二律背反的难题；而社会法学派强调研究法律事实方面的问题，能够回答法律实施的实际效果问题，但其方法的局限性也是不言而喻的，例如，一位美国法律社会学教授曾说过，什么是法律社会学？而回答就是："拿出具体数据来"。旧方法在面临法律形式的稳定性与法律价值的冲突时，就无法做出旗帜鲜明的回答；而自然法学所崇尚的价值分析方法也难以对纷繁复杂的法律现象做出直接的概括和具体的结论，抽象先验的自然法理论难以在其与现实实践中具体多变的法律现象之间做出一种恰当的平衡。博登海默就曾指出，这些理论中的每一处都讲出了它所选定并关注的问题的某一侧面，如果独立地看这些五花八门的解释法律现象的努力，它们展示了一幅令人困惑的、多变的和不协调的图画。但是，如果根据整体论的方法论，把它们理解为关于法的整个真理的局部光照，大部分的困惑即可消失。所以，综合法学主张采用那种融合各学派有效研究方法于一体的整体论的研究方法，而反对采用被某一学派所推崇的单一的研究方法。他们认为这样只能获得关于法律真理的局部理解，而不可能照亮法律真理的整个大厦。

（3）在法律本质的内容的研究上，综合法学也坚持一种宏观而全面的、整合的主张。这主要体现在两个方面。一方面，综合法学主张承认各学派理论研究成果的合理性与价值，并主张将它们融合起来建构综合的法理学。比起以往各学派之间拒不承认其他学派研究成果的价值、相互攻讦、党同伐异，综合法学的这一主张具有很大的进步。博登海默的观点在这方面是颇有代表性的，他认为以往各学派的研究及其成果都具有自身的价值与合理性，他认为，这些学说最为重要的意义在于它们组成了法理学大厦的建筑之石，尽管这些理论中的每一种理论只具有部分和有限的真理。随着人们知识范围的扩大，人们必须建构一种能够充分利用过去所做的一切知识贡献的综合法理学。另一方面，关于法律本质所应涵盖的内容，综合法学认为法律是形式、价值和事实的"独特结合"，法律本质的内容应涉及形式、价值和事实等多方面的因素，而只有将这些因素作整体性的考察，才能全面理解法律的本质问题。霍尔认为，西方传统的三大法学派各执一端，人为地分解了法理学对象的统一性，而综合法学是要把三者统一起来。他还指出："我们特别要把'被统治者的同意'以及所有在民主进程中包含的东西纳入实在法的实质之中。"可见，综合法学对法律本质的认识比其他学派的视野更加广阔，它在联系国家权力（形式因素）的同时结合法的道德内容和合理性（价值因素）来认识法律的本质，在一定程度上避免了自然法学那种抽象的议论和空谈，而且综合法学学派认为法律本质应包括"被统治者的同意"方面的内容，也是具有进步意义的。

综上，除税收滞纳金与税金特征的区别具体表现在产生的附带性、催促履行的目的性、程序正当的基础性、权利义务的保护对等性、民法债权适用的同一性之外。税收滞纳金制度的法律特征还体现在：

（1）税收滞纳金的给付义务具有法定性，不因税务机关的变更、和解或者抛弃而归于无效；

（2）税收滞纳金征收具有行政强制性，税收滞纳金和税款一并征收，征收时可以直接采取税收保全措施，强制执行措施等。

（3）税收滞纳金调整法律责任具有公私法融合性。如果说税款是具有绝对的公益性，具有优先征收权，那么作为催促履行税金缴纳的税收滞纳金制度应具有公私法的融合性。税收滞纳金被认为是"补偿国家的财产所有权的损失，损害赔偿是对这种不法侵害的共通效力"（郑玉波，2004）。

第三节　税收滞纳金的沿革

一、大陆法系

大陆法系一般是以罗马法为基础而形成和发展起来的一个完整的法律体系的总称。大陆法系名称的由来就是由于该法系首先是在欧洲大陆出现和形成的，它具有法典的特征，因此，大陆法系又被称为法典法系（Code Family）。大陆法系还有一个重要的名称，即民法法系（Civil Lawfamily）。法国在19世纪初编纂的《法国民法典》和德国19世纪末编纂的《德国民法典》，它们对大陆法系的发展都具有强大的推动作用，以至于把大陆法系又直接称之为民法法系。与英美法系并列的当今世界两大重要法系之一，覆盖了当今世界的广大区域，德国、法国、日本、中国的大陆和台湾地区等均为大陆法系地区。大陆法系是以法国和德国为主的，比利时、西班牙、葡萄牙、意大利、奥地利、瑞士、荷兰以及法国、西班牙、葡萄牙、荷兰的早期殖民征服。北欧各国即挪威、瑞典、丹麦、芬兰和冰岛的法律，通称为斯堪的纳维亚法律，基本上也属于大陆法系。

二、普通法系

普通法系又被称为英美法系或海洋法系，英国是以普通法为基础的，普通法系是与以罗马法为基础的民法法系相比较而存在的一种法律制度。普通法系以英国普通法为基础，但并不仅指普通法，它是指在英国的三种法律，即普通法、衡平法和制定法的总称。美国法律作为一个整体来说，属于普通法法系，但它有自己的、不同于英国法的很多特征。该法系与欧陆法系（又称"大陆法"）并称为当今世界最主要的两大法系。普通法起源于中世纪的英格兰，世界人口的三分之一生活在普通法司法管辖区或混合民法系统中。英国、美国及其他过去曾受英国殖民统治的国家和地区，主要包括加拿大、澳大利亚、新西兰、爱尔兰、印度、巴基斯坦、马来西亚和新加坡，中国香港地区也采用英美法。南非采用大陆法与普通法的混合产物，斯里兰卡也有类似情况。菲律宾法也采用一种混合体。但是，联合王国的苏格兰、美国的路易斯安那州和加拿大的魁北克属于大陆法体系。

普通法系是资本主义经济关系的产物，经历了不同历史阶段的影响与发展，在存在样式上、运行方式上形成了自己独有的特点：

（1）法律渊源。普通法系的法律渊源包括各种制定法，也包括判例，其中判例所构成的判例法在整个法律体系中占主导地位。从19世纪到现在，其制定法也在不断增加，但是制定法仍然受判例法解释的制约。判例法一般是指高级法院的判决中所确立的法律原则或规则。这种原则或规则对以后的判决具有约束力或影响力，由于这些规则是法官在审理案件时创立的，因此，又被称为法官法。除了判例法之外，英美法系国家还有一定数量的制定法，同时，还有一些法典。如美国的《统一商法典》、美国宪法等。但和大陆法系比较起来，它的制定法和法典还是很少的，而且对法律制度的影响远没有判例法大。

（2）法律结构和内容。普通法系在法律结构上是以单行法和判例法为主干而发展起来的。其习惯用单行法的形式对某一类问题做专门的规定，因此很少制定法典。在内容上，普通法系的基本结构是在普通法和衡平法的分类基础上建立的。从历史上看，普通法代表立法机关的法律，衡平法主要代表审判机关的法律，衡平法是对普通法的补充。

（3）法官权限。普通法系中法官的地位很高，法官既可以援用成文法也可以援用已拥有的判例来审判案件，而且可以在一定的条件下运用法律解释和法律推理的技术创造新的判例，从而法官不仅可以适用法律，也可以在一定的范围内创造法律。

（4）诉讼程序。普通法系的诉讼程序以原告被告以及其辩护人和代理人为重心，法官只是双方争论的仲裁人而不能参与争论，与这种对抗式程序同时存在的是陪审团制度，陪审团代表人民参加案件审理，但主要是做出事实上的结论和法律上的基本结论（如有罪或无罪），法官负责做出法律上的具体结论，即判决。

（5）职业教育传统。从职业教育传统来看，普通法系的职业教育注重处理案件的实际能力，比如律师的职业教育主要通过协会进行，被称为是"师徒关系"式的教育。

三、我国税收滞纳金的产生与发展

从我国古代税收概念的描述①以及我国近代有关偷税漏税现象②的描述来看，税收滞纳金主要表现为对纳税义务人的经济处罚，征收率随违法成本与效益的博弈而变化。

（1）税收滞纳金的征收不封顶不是自古就有，从税收滞纳金变迁的客观角度来看，虽然存在适应一切时代的唯一因素和不变制度，但是，通过对税收滞纳金的考察，从西汉王莽"没收与官岁"制度、唐代的《唐六典》制定法、新中国成立初期的《工商业税暂行条例》，无一不是"制定本位"的出发点。

（2）税收滞纳金确立的"税收法律主义"体现了法治国家的进步，防止行政机关对于国民自由财产的干涉，是法安定性的体现。无论我国的税收滞纳金制度如何变迁，还是古代西方社会的国库论、警察社会论，以及近代社会天赋人权说、三权分立说、社会契约理论的演进，税收滞纳金制度的发展方向都是税法与民法的融合进而统一在宪法的制度下（陈刚，2001）。

（3）笔者随"税收滞纳金相关法律关系"的中心线索构建税收滞纳金制度体系。诸如权利关系说、债务关系说、一元论、二元论、三元论、独立税法说等。税收滞纳金制度"税收法律主义"的逻辑出发点，沿着"税收法律关系"的中心线索展开，从我国税收滞纳金体系的架构可以看出：

从主体上来看，税收主体中必然有一方主体是国家且行政机关，尽管国库论下的税收是以国库为独立的私法法人，但是征税款仍掌握在皇帝、诸侯等主体手中。

从法律适用上来看，除唐代之前，基本履行的是公法上的权利义务。

---

① 参见西汉王莽政府《汉书·食货志下》："敢不自占、自占不以实者，尽没入所采取，而做县官一岁"，税收滞纳金罚做苦力一年；唐代首次将公法司法区分；《唐六典》所谓间架税："如果敢隐匿一间不报者，杖六十"；贸易最为繁荣的宋代对于税收的管理较为明细，房契税为例，税率从4%递增至17%，税收逃漏者没收"田房产总价的三分之一"。

② 相关资料显示，自1950年1月《工商业税暂行条例》颁布至当年10月，1 667户中，有逃漏税款者占43%，1990年全国清理拖欠税款工作会议提出，全国欠税数额自1985年以来比重持续增加，分别是9%、11.6%，11.7%、15.9%，36.5%和34.1%。税收滞纳金征收率的变化经历了从1950年的1%，1985年的0.5%，1991年的0.2%，2001年的0.05%，到目前的0.5%。

（4）对税收滞纳金制度的展开、民法回归及税收法学独立的探讨对于税收滞纳金制度具有重要意义。税收滞纳金制度并非仅仅重于防止出现税收逃漏现象，更宜兼顾"经营者投资行为之经济合理性，避免国家财政收入过度的考量"（黄士洲，2015）。是税收滞纳金收入与企业经营效益两者的平衡——民法意义上的权利义务对等性。

从税收滞纳金制度变迁的历史来看，税收滞纳金先是从公共领域如银行、水电、社保等方面开始推广，进而进入民法的合同签订领域。但是，税收滞纳金制度的展开并未因其他领域的滞纳金制度的收缩而受到影响。例如，1992年实行市场经济体制改革，部分领域的滞纳金条款被取消①。在于税收滞纳金制度的传导滞后性，人们长期形成的行政法优先民法、行政征收权优先民法债权的历史桎梏。

税收滞纳金制度的回归方向，是民法的回归、抑或是独立的税收法学。笔者认为，税收滞纳金本质决定其回归路径。根据"新制度经济"学派代表，罗纳德·H·科斯产权理论："只要财产产权清晰，如果交易成本越低，则帕累托经济趋向最优"。税收滞纳金制度设立的初衷是实现"税收国家财产权"，如果把税收滞纳金制度看出交易成本，则按照"科斯定律"税收滞纳金的制度——最快实现产权交易的方法，而非最多税收滞纳金的金额的方法——是法律制定者应做出的最优选择。税收滞纳金的加收期限、征收比例在科斯产权定律下，非"制度最优"的首选项，而是间接变量。根据蓝虹（2004）的观点，通过税收滞纳金的惩罚性"最快实现税金国家产权的交易完成"是税收滞纳金最优方案。

笔者总结此次《2015税征草案》的变化主要体现在以下三个方面：

（1）税收滞纳金在"产生阶段"之前的自由裁量权——事先裁定制度；

（2）税收滞纳金在"发展阶段"的自由裁量权——税收利息合理水平综合确定；

（3）税收滞纳金在"消灭阶段"的自由裁量权——代履行制度、分期履行制度、减免制度，以及税收代征委托权制度。

---

① 2000年《中华人民共和国合同法》《中华人民共和国电信条例》第三十五条明确规定了滞纳金的实质为违约金，从而促进税收滞纳金制度的限制或者条款取消。

第四节　税收滞纳金的体系和体例

一、税收的体系

税法体系指不同税收法律规范相互联系构成的统一整体。根据对税法的不同分类，税法体系也有不同的构成方式，其中最为常见的是以下两种：

一是依据税收立法权限或法律效力的不同，可以划分为有关税收的宪法性规范、税收法律、税收行政法规、税收规章、地方性税收法规与国际税收协定等；

二是依据税法调整对象的不同，可以分为税收实体法与税收程序法。完备的税法体系应具备以下要求：

（1）税法的指导思想、原则和基本概念是统一的；

（2）不同税收法律规范之间应存在纵向的效力从属关系，以及层次较低的税收法律规范应不违背层次较高的法律规范或是层次较高的法律规范的具体化；

（3）同一层次的不同税收法律规范之间应有横向协作关系，即应相互联系、相互配合、协调一致。

完备的税法体系应具备以下特征：

（1）完整性。完备的税法体系要求每个税种都具有相应的税法规范予以规制。

（2）内在的协调一致性。完备的税法体系既要求保证税法的指导思想、原则、概念、术语的统一性，又要求下位阶税法规范符合上位阶税法规范，并且同一层次的税法规范间也应当保持协调、一致，不能相互矛盾。

（3）权威性。完备的税法体系要求层次较高的税法规范在整个税法体系中占有较大的比重。

（4）科学合理性。完备的税法体系要求税法具有较强的现实操作性，体系内部紧密衔接，具有较强的严密性。

法律体系是指一国现行的全部法律规范按照不同的法律部门分类组合而形成的一个呈体系化的有机联系的统一整体。它应该包括一个国家的全部现行法律，而不应该有所遗漏，否则它就不是完整的体系。法律体系的内部构件是法律部门，具有系统化的特点，它要求法律门类齐全，结构严谨，内在协调。一切法律部门都要服从宪法并与其保持一致，各个法律部门内部也要形成由基本法律和一系列法规、实施细则构成的完备结构。为了与法律体系的定义保持一致，税法体系应表述为：税法体系是在税法基本原则的指导下，一国不同的税收法律规范所构成的、各部分有机联系的统一整体。目前，我国已初步建立了一个适合我国国情的多层次、多税种、多环节的税法体系。但由于我国经济体制改革中的复杂多变的情况以及税收立法的滞后性，现行税法体系还存在着与经济发展不相适应的一些问题，还没有最终达到建立一个完善、科学的税法体系的目标。

二、税收滞纳金体系构建的思路

确立我国税法体系的原则和总体框架：

1. 科学构建我国税法体系的原则

我国的税收改革基本上是采用渐进方式进行的，即哪一部分内容最需要，改革就从哪里开始，并没有总的立法规划。所以我国税法体系的构建应当遵循以下原则：

（1）法律性原则。一方面，要强调税法是法律形式的国家经济分配手段，而不是一个单纯的国家经济政策或行政管理制度。既然税法是国家法律体系的组成部分，就必须以法律的语言、规范、体例来进行立法，税法必须遵循法的基本原则和规则，不能使税法成为独立于国家法律体系之外的特殊法律。另一方面，要表明应有一定的层次，税法的主要部分须采用法律而不是行政法规或者行政规章的形式。

（2）和谐性原则。和谐性是一个系统追求效率的基本要求。税法的规定牵涉国家和纳税人及各级政府的利益分配关系。因此，这种和谐性应当分为很多层次，要求也应当是非常高的。所以将税法置于整个法律体系中去研究，应成为税收立法过程中的一种基本思维方法。

（3）可操作性原则。税法可操作性较差，法的指导作用、评价作用、教育作用难以有效发挥，因此，税收法定主义、税收公平原则的贯彻执行必然大打折扣，税法的威信下降，其稳定性也会受到破坏。增强可操作性的一个重要方面是加强税法的程序性建设。因为没有健全的法定程序，法律的公正与效率就无从保证。

（4）超前性原则。具有预见性是保证法律相对稳定的需要。尽管我国经济体制改革已经走入一个相对稳定的阶段，但是随着经济全球化的发展和税收越来越深入社会经济生活，税收立法仍然面临着许多不确定的因素，这在客观上要求我们的税收立法必须具有前瞻性，只有这样才能适应复杂多变的社会经济生活。

2. 未来中国税法体系的总体蓝图

从我国目前税法体系存在的问题出发，我国未来税法体系的总体目标应当包括以下几个方面：

（1）建立以宪法为指导、税收基本法统率下的税收实体法和税收程序法并行的税法体系。宪法具有最高法律位阶，税收基本法主要是就税法的基本问题做出的对税收实体法和税收程序法具有普遍指导意义的规定。我国目前仍处于经济体制的转轨时期，税制必然要随着经济体制的改革而不断变革。而制定税收基本法一方面可以对税制改革的实践提出最基本的法律准则，使之沿着既定的普遍适用的原则顺利进行；另一方面，即使现实经济生活发生了变化，也只需制定、修改和废除税收实体法和税收程序法，税收基本法的稳定性仍可以得到保证。

（2）建立以流转税法和所得税法为主体的复合实体税法体系。复合税制是与单一税制相对的税收模式，是对课税对象采取多税种、多层次征税的体制。复合税制既包括对不同征税对象课征不同的税，又包括对同一层次的征税对象课征若干种税。在主体税种的选择上，既要立足于实际经济状况，又要有一定的超前性。流转税征税面广，税源稳定，是我国第一大税。随着我国国民经济的发展和居民收入水平的提高，所得税的地位将逐步得到加强，并将上升为第一大税种。因此，税收立法应将所得税列为主体税之一。

（3）完善我国多层次、配套齐全的税法体系，提高效力层次以及税收法律在整个税法体系中所占的比例，进一步保证税法的稳定性与权威性。我国目前以税收行政法规为主、税收法律为辅，这种做法存在不少弊端。鉴于此，我国税收立法的最终目标是要建立一个以税收法律为主、税收行政法规为辅的税法体系，以确保税法的稳定性和权威性。

第二章　税收滞纳金的概述

第一节　税收滞纳金的概念和本质

一、税收滞纳金的概念

滞纳金是对不按纳税期限缴纳税款的纳税人，按滞纳天数加收一定比例的滞纳税款，它是税务机关对逾期缴纳税款的纳税人给予经济制裁的一种措施。纳税人、扣缴义务人未能按规定的期限缴纳或解缴税款的，税务机关除了责令限期缴纳外，还要从滞纳之日起，按日加收滞纳税款万分之五的滞纳金。征收滞纳金是税收管理中的一种行政强制措施。在海关监督管理中，滞纳金指应纳税的单位或个人因逾期向海关缴纳税款而依法应缴纳的款项。在会计分录核算中，属于营业外支出。

按照规定，关税、进口环节增值税、进口环节消费税的纳税义务人或其代理人，应当自海关填发税款缴款书之日起 15 日内向指定银行缴纳税款，逾期缴纳的，海关依法会在原应纳税款的基础上，按日加收滞纳税款金额 0.05% 的滞纳金。征收滞纳金，其目的在于使纳税义务人承担增加的经济制裁责任，促使其尽早履行纳税义务。

根据规定，对逾期缴纳税款应征收滞纳金的，还有以下几种情况：

（1）进出口货物放行后，海关发现因纳税义务人违反规定造成少征或者漏征税款的，可以自缴纳税款或货物放行之日起 3 年内追征税款，并从缴纳税款或货物放行之日起至海关发现之日止，按日加收少征或者漏征税款金额 0.5‰ 的滞纳金。

（2）因纳税义务人违反规定造成海关监管货物少征或者漏征税款的，海关应当自纳税义务人应缴纳税款之日起 3 年内追征税款，并自应缴纳税款之日起至海关发现违规行为之日止按日加收少征或者漏征税款金额 0.5‰ 的滞纳金。

这里所说的"应缴纳税款之日"是指纳税义务人违反规定的行为发生之日；该行为发生之日不能确定的，应当以海关发现该行为之日作为应缴纳税款之日。

（3）租赁进口货物分期支付租金的，纳税义务人应当在每次支付租金后的 15 日内向海关申报办理纳税手续，逾期办理申报手续的，海关除了征收税款外，还应当自申报办理纳税手续期限届满之日起至纳税义务人申报纳税之日止，按日加收应缴纳税款金额 0.5‰的滞纳金。

租赁进口货物自租期届满之日起 30 日内，应向海关申请办结海关手续，逾期办理手续的，海关除按照审定进口货物完税价格的有关规定和租期届满后第 30 日该货物适用的计征汇率、税率，审核确定其完税价格、计征应缴纳的税款外，还应当自租赁期限届满后 30 日起至纳税义务人申报纳税之日止按日加收应缴纳税款金额 0.5‰的滞纳金。

（4）暂时进出境货物未在规定期限内复运出境或者复运进境，且纳税义务人未在规定期限届满前向海关申报办理进出口及纳税手续的，海关除按照规定征收应缴纳的税款外，还应当自规定期限届满之日起至纳税义务人申报纳税之日止按日加收应缴纳税款金额 0.5‰的滞纳金。

海关对滞纳天数的计算是自滞纳税款之日起至进出口货物的纳税义务人缴纳税款之日止，其中的法定节假日不予扣除。缴纳期限届满日遇星期六、星期日等休息日或者法定节假日的，应当顺延至休息日或法定节假日之后的第一个工作日。国务院临时调整休息日与工作日的，则按照调整后的情况计算缴款期限。例如，缴款期限的最后一天是 9 月 30 日，该日恰好是星期日，国务院决定将 9 月 29 日、30 日与 10 月 4 日、5 日互相调换，即 9 月 29 日、30 日成为工作日，如果纳税义务人在 9 月 30 日仍未缴纳税款，则从 10 月 1 日开始即构成滞纳。滞纳金应当自海关填发滞纳金缴款书之日起 15 日内向指定银行缴纳。因纳税义务人违反规定需在征收税款的同时加收滞纳金的，如果纳税义务人未在规定的 15 天缴款期限内缴纳税款，另行加收自缴款期限届满之日起至缴清税款之日止所滞纳税款的 0.5‰的滞纳金。滞纳金按每票货物的关税、进口环节增值税、消费税单独计算，起征点为人民币 50 元，不足人民币 50 元的免予征收。其计算公式为：关税滞纳金金额 = 滞纳关税税额×0.5‰×滞纳天数；进口环节海关代征税滞纳金金额 = 滞纳进口环节海关代征税税额×0.5‰×滞纳天数。

二、税收的本质

税收的本质指的是税收具有强制性、无偿性和固定性。

（1）税收的强制性。税收的强制性指税收是依靠国家的政治权力而强制征收的，并非是自愿缴纳。税收的强制性主要体现在：国家凭借政治权力依法征税，纳税人（包括法人）必须依法纳税，否则将受到法律制裁。强制性是国家取得财政收入的基本前提，也是国家满足社会公共需要（实现国家职能）的保证。

（2）税收的无偿性。税收的无偿性是指国家取得的税收收入，既不需要返还给纳税人，也不需要对纳税人直接支付任何报酬。税收的这个特征，是由国家财政支出的无偿性决定的。从税收的产生看，国家为了行使其职能，需要大量的物质资料，而国家机器本身又不进行物质资料的生产，不能创造物质财富，只能通过征税来取得财政收入，以保证国家机器的正常运转，这种支出只能是无偿的，国家拿不出任何东西来偿还公民个人缴纳的税款。税收的无偿性，使得国家可以把分散的资金集中起来统一安排使用。这种无偿的分配，可以贯彻国家的政策，改变国民收入使用额的构成和比例，正确处理积累和消费的比例关系。可见，税收的无偿性是至关重要的，它体现了财政分配的本质，它是税收三个本质特性的核心。

（3）税收的固定性。税收的固定性是指国家在征税之前就通过法律形式，预先规定了征税对象和征收数额之间的数量比例，未经批准不能随意改变。税收的固定性既是对国家的约束，也是对纳税人的约束。国家以法律形式规定了经济组织和个人应不应纳税、应纳什么税、纳多少税，这表明国家与纳税人的根本关系具有固定性。而纳税人只要取得了税法规定的应税收入，或发生了应税行为，或拥有应税财产，就必须按规定的比例或定额纳税，不能自行减免和降低标准，这也体现了税收的固定性。

税收的三个特性是税收的基本标志，是衡量税与非税的主要尺度。《宪法》第五十六条规定："中华人民共和国公民有依法纳税的义务"。

税收的三个特性的关系：它们是税收本身所固有的特征，是客观存在的、不以人的意志为转移的；无偿性是税收的本质和体现，是三个特性的核心，是由财政支出的无偿性决定的；强制性是无偿性的必然要求，是实现无偿性、固定性的保证；固定性是强制性的必然结果；税收的三个特性相互依存，缺一不可，是区别税与非税的重要依据。

第二节　税收滞纳金的要素

一、税收滞纳金的主体

税收法律关系，是指由税法所调整而形成的，在税收活动中各税收法律关系主体之间发生的具有权利义务内容的社会关系。理解这一概念需要把握以下三点：

一是这种法律关系是受税法所调整而形成的社会关系，一定的社会关系经由税法调整就成为税收法律关系；

二是这种法律关系是发生在税收活动中的社会关系，是否发生在税收活动中是判定一种法律关系是否属于税收法律关系的重要标准；

三是这种关系是以权利义务为内容的社会关系，这是所有法律关系的共同特征。

税收法律关系的主体，即税法主体，是指在税收法律关系中依法享有权利和承担义务的当事人。在税收法律关系中，最重要的主体是征税主体和纳税主体。

（1）征税主体，征税主体是指在税收法律关系中享有国家税收征管权力和履行国家税收征管职能，依法对纳税主体进行税收征收管理的国家机关。从严格意义上讲，只有国家才是征税主体，但是国家征税的权力总是通过立法授权某个具体的国家职能机关来行使的。在具体的税收征纳法律关系中，行使征税权的征税主体包括：各级税务机关、财政机关和海关。财政部和地方各级财政机关主要负责农业税和契税的征管，海关总署和地方各级海关负责关税、进口环节的增值税、消费税和船舶吨税的征管。除此之外的其他大部分税收均由国家税务总局和地方各级税务机关负责征管。其中，地方各级税务机关还根据分税制财政体制分设国家税务局和地方税务局两个系统。因此，税务机关负责国家主要的税收征管，是人们普遍认为的征税主体，也是最重要的征税主体。

（2）纳税主体，根据《税收征管法》第四条的规定以及关于纳税主体的通行观念，我国税法上的纳税主体包括两类：纳税人和扣缴义务人。纳税人是指法律、行政法规规定负有纳税义务的单位和个人。此外，不同的税种根据一定的标准可以对纳税人进行具体划分。在增值税方面，根据纳税人销售额的高低和会计核算的健全与否，我们把纳税人分为一般纳税人和小规模纳税人；在所得税方面，根据征税权行使范围的不同，可以把纳税人分为居民纳税人和非居民纳税人；等等。

扣缴义务人是指法律、行政法规规定负有代扣代缴、代收代缴税款义务的单位和个人。根据《税收征管法》的规定，税务机关要按照规定付给扣缴义务人代扣、代收手续费。扣缴义务人又可以分为代扣代缴义务人和代收代缴义务人。代扣代缴义务人是指负有代扣代缴义务，代替税务机关向纳税人扣缴应纳税款的纳税主体；代收代缴义务人是指负有代收代缴义务，代替税务机关向纳税人收缴税款的纳税主体。

二、税收滞纳金的内容

税收法律关系的内容就是权利主体所享有的权利和所承担的义务，这是税收法律关系中最实质的东西，也是税法的灵魂。它规定权利主体可以为或不可以为的行为，以及违反了这些规定，须承担的法律责任。

（1）征税主体的权力和义务。税务机关的权利与义务更多地体现为税务机关的职权和职责，包括税务机关及其工作人员在税收征收管理中的实体法与程序法方面的权利与义务。为了代表国家行使征税权，发挥好税收筹集收入和调控经济、调节分配的职能，法律必然要赋予征税主体在税收征收管理中的具体权力，例如税收行政立法权、税务管理权、税务检查权、税收优先权、税务处罚权等。税务机关行使的征税权是国家行政权力的有机组成部分，具有强制力和程序性，并非仅仅是一种权力资格，这种权力不能由行使机关自由放弃或转让。同时，有权力必有义务和责任，征税主体在享有法律赋予的权力之时，还必须履行法律所规定的义务和职责。必须依法征收税款，不得违反法律、法规的规定开征、停征、多征或者少征税款、提前征收、延缓征收或者摊派税款；必须严格按照法定权限和程序实施税收征管，不得违反法律、法规的规定滥用权力，不得侵害纳税人的合法权益。职权与职责必须对等，征税主体的权力是税法有效实施的保障，征税主体的义务是其实施权力的必然要求，也是纳税主体行使权力和履行义务的重要保证，征税主体在享有国家权力的同时必须履行义务，承担相应的责任。

（2）纳税主体的权利和义务。此处所谓纳税主体，包括纳税人和扣缴义务人。法律、法规规定负有纳税义务的单位和个人为纳税人。法律、行政法规规定负有代扣代缴、代收代缴税款义务的单位和个人为扣缴义务人。纳税主体的权利有广义和狭义之分。广义的纳税主体的权利包括自然权利和税收法律关系中的权利。此处所指纳税主体的权利采取狭义概念，即纳税主体在税收法律关系所享有的权利，既包括实体法方面的权利，又包括程序法方面的权利。同样，纳税人的义务也区分为广义（包括所有法律意义上的义务）和狭义（仅指税收法律关系中的义务），本书也采取狭义概念。我国税法规定，纳税主体在享有法律赋予的知情权、保密权、依法申请税收优惠权、依法申请延期申报纳税权、税收救济权、税收监督权等权利的同时，也必须履行法律所规定的依法诚信纳税、接受税务管理和税务检查等方面的义务。

（1）税收法律关系的实质是税收分配关系在法律上的表现。从财政角度看，税收是一种收入分配关系，国家取得财政收入的直接目的是实现国家的职能。税收法律关系反映并决定于税收分配关系，属于上层建筑范畴。当一种税收分配关系随着社会形态的更替而被新的税收关系所取代，必然会引起旧的税收法律关系的消灭和新的税收法律关系的产生。

（2）税收法律关系的主体一方只能是国家或国家授权的征税机关。税收法律关系实质上是纳税人与国家之间的法律关系，但由于税务机关代表国家行使税收征收管理权，税收法律关系便表现为征税机关和纳税人之间的权利义务关系。

（3）税收法律关系的主体权利义务关系具有不对等性。这是税收法律关系与民事法律关系在内容上的区别。在民事法律关系中，主体权利义务的设立与分配既完全对等又表现出直接性；在税收法律关系中，税法作为一种义务性法律规范，赋予税务机关较多的税收执法权，从而使税务机关成为权力主体，纳税人成为义务主体。这种权利与义务的不对等性是由税收无偿性和强制性的特征所决定的。但是，税收法律关系并非是一种完全单向性的支配关系，即纳税人在一般情况下是义务主体，但在某些特定场合又可能转化为权利主体，不对等也不是绝对的。

（4）税收法律关系的产生以纳税人发生了税法规定的事实行为为前提。税法事实行为是产生税收法律关系的前提或根据。只要纳税人发生了税法规定的事实和行为，税收法律关系就相应产生了，征税主体就必须依法履行征税职能，纳税主体就必须依法履行纳税义务。

三、税收滞纳金的客体

法律关系的客体是指法律关系主体权利义务指向的对象。法律关系的客体具体包括的种类，在国内外法学界是个长期争论不休的问题。法理学的研究表明，法律关系的具体客体是无限多样的，把它们抽象化，可以概括为：国家权力、人身和人格、行为、法人、物、精神产品、信息等。上述各种客体可以进一步抽象为"利益"或"利益载体"等更一般的概念。由此可以说，法律关系的客体就是一定的利益。对税收法律关系的客体也可以作如上理解。我们认为，税收法律关系的客体主要包括税收权力（权益）、物和行为。税收宪法性法律关系和税收权限划分法律关系的客体是税收权力，国际税收权益分配法律关系的客体是税收权益，税收征纳法律关系的客体是按照一定的税率计算出来的税款，税收救济法律关系的客体是行为，即税务机关在税收征管活动中做出的相关行为。上述各种客体又可以进一步抽象为"税收利益"。

第三节 税收滞纳金的学说分类

税收滞纳金性质的界定不能等同于税收性质的界定，税收滞纳金的性质主要可以归纳为三点：

首先税金产生于应税行为，具有强制性和无偿性。而税收滞纳金产生于税金的滞纳，具有权利和义务的对等性；

其次税金产生于税收法定主义，没有行政与司法的自由裁量权。而税收滞纳金从《2015 税收征管法》来看无论其产生、发展或者是消灭阶段均设置了自由裁量权；

最后税金适用公法性质，目的是获取国家财政收入，而税收滞纳金的目的是催促纳税义务人尽快履行缴纳义务。目前理论界尚未有完全探讨税收滞纳金制度的理论研究[①]，故"税收滞纳金法律关系说"在借鉴"税收法律关系说"的同时，需要注意区分"税收"与"税收滞纳金"。

一、权力关系说

奥托·梅耶税收权力关系说。德国行政法学创始人奥托·梅耶（Otto Mayer）首先提出"税收权力关系说"，他为了摆脱 19 世纪末、20 世纪初德国传统的国库理论，而将国家的税收权置于立法的约束和司法权的监督之下。我国税法学界认为我国税收法律关系学说大致产生于 1989 年以前[②]，税收权力

---

① 山东大学孙成军的博士论文《税收之债不履行的制度研究》中，有部分内容探讨了税收滞纳金制度产生的实质"纳税人理性经济人假设"；税收滞纳金为税收三分类中的"附带税收之债产生的滞纳金和利息"；税收滞纳金的内容为"给付义务、辅助义务和附随义务"，但未探讨税收滞纳金制度中的"法律关系学说"和"税收不履行"的具体法律适用。

② 参见李悝的《法经》、清末的《大清律》，以及 1989 年中国财政经济出版社引进金子宏的《日本税法原理》。

关系说占据绝对地位。税收权力关系说决定了税收滞纳金的产生以"法律主义而产生"具有给付的"法定性"（刘剑文，2010），具有以下两层含义：

一是税收滞纳金的给付义务直接由法律的规定而成立，满足《税收征管法》规定的构成要件即成立，即税收滞纳金制度包括的主体、客体、征收率、期限、减免情况等均由法律明确规定。

二是税收滞纳金给付义务的履行方式具有法定性，必须要严格遵循法律规定的条件和程序进行。

二、债务关系说

1919 年《德国税收通则》的制定是税收债务关系说的开端，税法学家阿尔伯特·亨泽尔在《税法》一书中阐释其为"国家对纳税人请求履行税收债务的关系，国家和纳税义务人是法律上的债权人和债务人的关系"。2011 年 6 月 27 日，德国联邦宪法法院法官、海德堡大学教授保罗·基尔希霍夫提出税法改革方案，把 33 000 条国库法律简化为改革方案中的 146 条，这被看作"课税正当性与税收正义"的胜利——纳税人可以从中感受到国家所代表的节制文化（张愻，2014）。税收债务关系说并不建立在"查定处分"[①] 的税收行政行为基础上，该学说认为税收只要满足了构成要件即可产生，税收滞纳金的构成要件不同于税收构成要件。

一是税收债务的确定不由税收的纳税人确定，而是由行政机关确定的。

二是税收滞纳金不以纳税义务人的可归责性为构成要件。税收滞纳金征收额度并不是以申报的方式来确定，而是以税务机关运用行政方式进行确认，带有明显的官方色彩。

税收债务说使得税收摆脱行政法束缚，适用民法的调整。税收债务说克服了税收权力关系说下的"税收是对私人财产的一种剥夺和侵害，是作为理性经济人[②]的纳税人从自身利益出发的一种纳税义务的规避或逃避"，通过收取税收滞纳金、设定担保等方式对税款的实现提供保障。税收滞纳金的税务关系说可以理解为两个方面的私法性：一是税收滞纳金调整主体的私法性，如

---

① 参见史学成《税收法律关系理论的国际化比较研究与本土化建构》，财税法论丛第五卷第 323 页：所谓查定处分，"是纳税义务的创设行为，和刑事判决具有相同的性质，在税法中，当出现了税法规定的税收要素，并不立即产生纳税义务，而是通过差定处分这一行政行为的行使才产生纳税义务"。

② "避税的底线和空间由不违法限定的，理性经济人即以最小的税负成本支出去争取最大的利益所得"。参见余鹏峰《海峡两岸反避税的分野与合流：基于法律规则的比较分析》。

《税收征管法实施细则》第四十四条规定和 2015 税征草案相关"委托代征""第三人代缴制度"等；二是税收滞纳金调整手段的私法性，《税收征管法》第四十五条、第八十八条、第七十三条、第七十四条、第四十八条等，分别规定了税收的优先权、纳税担保、代位权、撤销权、继承的债权债务概括转移等。

三、法律关系二元论

法律关系二元论的具体学说有：金子宏提出的实体性法律关系说和程序性法律关系说二元论，北野弘久提出的租税债务关系说一元论，新井隆一提出的税法独立法学说被认为是日本税收法律关系的代表学说。

三位学者都赞同税收债务说的中心理论是税收债务的中心体系化，金子宏教授认为税收程序性法律关系如更正、决定、滞纳金处分等关系为税收权力关系；税收的实体性诸如纳税人对国家负担的金钱给付关系等为税收债务关系。北野弘久认为，税收中的申报制度、时效期间、抵销权、代位权、撤销权、税收保证金及保证人制度等准用民法规定，坚持税法应当坚持"租税债务关系一元论"。新井隆一认为税收的本质为对国家的金钱给付，属于公法学的债务，税收法律主义排斥了行政机关的行政行为，行政机关以独立的理论成为独立的法学部门。本书通过对日本税收法律性质的梳理，可以看出税收滞纳金三层次法律关系。

四、税务之债交换说

凯文·E.墨菲、马克希金斯提出了税务之债交换说。美国现行的税法见于 1986 年修订的《联邦收入法典》，该法规定征税权属于国会，马克希金斯的税务之债交换说的主要内容为："征税要合乎偿付国债和规划合众国共同防务与公共福利的宪法目的。"在美国税收法律关系中没有类似德国和日本的税收权力关系说和税收债务关系说。而"对价""价值交换"则为美国民法上的重要内容，"税收是文明的对价"反映的是税收的民法的契约精神。美国税法关系学说虽然和大陆法系税法有所差异，但是其制度设计是以民法之债法为设计基础的，这表明，马克希金斯等美国税法学者对于税收为债的理论普遍认同。但是在美国税制上可以看出几点不同[①]，在美国，欠税即对政府"欠债"

---

① 参见：①美国税法侧重税务实践，拥有庞大的税务律师队伍；②配套高惩罚制度设计，税法内容的复杂性使得美国税法成为独立法学学科；③美国税收的债务之债交换说还体现在诉讼程序上，我国纳税义务人欠税税务机关享有行政处罚和强制执行权。

（帕特里夏·T.摩根，1999），适用民法程序由政府对纳税义务人提起民事诉讼，通过扣押、变卖、抵销、时效等合同法律手段加以保护。

税收制度安排之所以普遍为人们所接受，是因为国家的存在，能够保护个人的生命财产安全，能够为个人提供公共服务，个人必须缴纳相应的税收作为获得公共服务的补偿。这同商品交换一样，需求者要获得商品的使用价值，就必须支付供给者等价的货币。所以人们将这种取得公共服务的活动喻之为"交换说"，或称"买卖说""利益说"。交换俗称买卖，交换使买卖双方的社会福利增加，"交换说"等同于"买卖说"和"利益说"。自17世纪以来，随着民本主义的契约思想和民生主义的交换意识深入人心，这种认识日渐流行起来，主要代表人物有霍布斯、洛克、斯密和蒲鲁东等。霍布斯是英国著名的唯物主义哲学家，他认为，人们之所以向国家交税，无非是以税收换取和平、安定的环境，获得由和平产生的社会福利。霍布斯的赋税思想就是"交换说""买卖说""利益说"或"代价说"。为此，他倡导赋税平等论的思想，提出每个税收负担者所缴纳的税收应该与他从国家公共服务中接受的利益成比例。这就是霍布斯的纳税意识和税收制度应该如何安排的设想。

斯密认为，国家应该承担三项义务：一是保护社会不受其他独立社会的侵犯；二是尽可能地保护社会每个成员不受其他成员的侵犯和压迫；三是建设和维持某些公共事业和公共设施，如国防、司法、公共工程和公共机关等。要实现这些国家职能，就需要一定的经费支出和财政收入。人们要获得公共服务，就必须向国家缴纳一定的税款。斯密关于征税依据的看法同霍布斯的认识是一致的，也认为国家与个人之间的税收关系是一种交换关系。交换讲究等价、公平；同时，只有是有购买能力的人才能进行交换，所以斯密坚持的纳税原则，即税收的制度安排是按照能力纳税的平等原则。"一国国民，都须在可能范围内，按照各自能力的比例，即按照各自在国家保护下享得的收入的比例，缴纳国赋，维持政府……所谓赋税的平等或不平等，就看对于这种原则是尊重还是忽视。"根据这个原则，斯密将税基的范围确定为地租、利润和工资，如果任何赋税，只由这三者之一负担，都是不公平的。

萨伊是一位坚持"交换说"的资产阶级政治经济学家，他认为生产不是创造物质，而是创造效用。效用就是服务，生产就是提供服务。人们购买产品，无论它是有形的还是无形的，都是为了获得产品的服务。国家提供的公共服务（如保护各个社会成员的权益不受损害）属于无形产品，人们需要和消费它，就得赋税。"所谓课税，是指一部分国民产品从个人之手转到政府之手，以支付公共费用或供公共消费。"从"交换说"出发，萨伊提出税率适度、负担公平、有利国民道德、最少妨碍国民生产的赋税原则。交换讲究互利原则，国家不能过分强调共同需要，增加人们的税收负担；交换讲究等价原则，税收负担应该公平，最少妨碍生产；交换讲究自愿原则，国民应有纳税意识和纳税道德。在这个赋税原则的基础上确立税基税率，才可以说是比较好的税收制度安排。

关于税收制度安排的必要性，"交换说"做出了它认为自圆其说的解释。但是，人们认为，国家提供的公共服务不是物质产品，不是由生产性劳动，而是由非生产性劳动生产出来的。所以公共服务产品尽管有效用（使用价值），但没有价值。如果依照"交换说"，一个没有价值的公共服务产品在交换中获得价格，在道理上是说不过去的。有此认识的人于是认为，与其把纳税依据视为"交换说"，还不如把它作为"权力说"更有道理些。国家为履行其职能，必须凭借其政治权力对社会产品实行强制性的再分配，以获得必要的物质资料。

五、行政秩序罚说

以江平教授为代表的学者认为税收滞纳金属于行政秩序罚，是一种催促纳税义务人履行税款缴纳义务而采取的强制方法；执行罚，亦称强制金，是间接强制的一种。它是指因义务人逾期不履行行政法义务，行政机关迫使义务人缴纳强制金以促使其履行义务的强制行政制度。执行罚主要适用于当事人不履行不作为义务、不可由他人替代的义务，例如特定物的给付义务或者与人身有关的义务等。执行罚不同于行政处罚中的罚款，虽然它们都是使当事人向行政机关缴纳金钱，但是两者的目的、功能和法律后果不同。行政罚款是对过去已经发生的行政违法行为的制裁和惩罚，执行罚是促使当事人履行应当履行但尚未履行的行政法义务的手段。作为行政强制执行中的一种独立的法律制度，执行罚具有如下特点：

（1）执行罚一般只应用于不作为义务和不可由他人代履行的作为义务。执行罚在我国税务、海关、环保、审计等部门中被广泛运用，其中最为典型的是滞纳金。

（2）执行罚的数额必须由法律、法规明文做出规定。凡法律、法规明确规定了金额或者计算方式，也不预设上限，执行机关只能依法实施，无自由裁量余地，其标准是能够促使义务主体直到自动履行义务为限。如税法等规定的滞纳金。

（3）执行罚的数额从义务主体应履行义务之日起，按天数计算，并可反复适用。一旦义务主体履行了义务，执行罚则不应再实施。

执行罚与行政处罚中的罚款有相似之处，即二者都以行政违法为前提，都是处以相对人一定的金钱给付义务。执行罚与行政罚款在性质和功能上却有原则的区别：

（1）执行罚的目的不是对义务主体进行金钱处罚，而是通过罚缴一定数额的金钱，促使义务主体履行其应履行却尚未履行的义务；而行政罚款则是对已经发生的行政违法行为给予金钱制裁。

（2）执行罚可以针对同一事项反复适用，但是一旦义务主体履行了义务，执行罚则不应再实施；而行政罚款则必须遵循"一事不再罚"原则，只要是发生行政违法行为就给予一次性罚款，不再进行重复处罚。

六、损害赔偿说

刘剑文为代表的学者主张税收滞纳金属于损害赔偿说，这一观点在以下两个方面得到加强：

一是在法律理论层面，税收滞纳金损害赔偿的一般原理是国家拥有税收及税收滞纳金的请求权，而纳税义务人欠缴税款对国家为弥补公共产品服务支出造成损害，故请求因国家借款而产生的利息支出。

二是学理解释，《国家税务总局关于偷税税款加收滞纳金问题的批复》中明确指出："税收滞纳金不是处罚，而是纳税人或者扣缴义务人因占用国家税金而应缴纳的一种补偿"。

七、行政处罚说

以章炜为代表的学者认为税收滞纳金的征收比率远远高于银行同期贷款利率，超出了损害赔偿的限度，具有明显的惩罚性（章炜，1989）。税务行政处罚是指从事生产经营的纳税人和其他税务当事人违反税收征收管理秩序的行为，尚未构成犯罪，依法应当承担行政法律责任的，由税务机关依法对其实施一定的制裁措施。税务行政处罚是保障税务机关实施税务征收管理，维持税收征收管理秩序的一种行为方式。税务行政处罚是税务机关依照税收法律、法规有关规定，依法对纳税人、扣缴义务人、纳税担保人以及其他与税务行政处罚有直接利害关系的当事人（以下简称当事人）违反税收法律、法规、规章的规定进行处罚的具体行政行为。包括各类罚款以及税收法律、法规、规章规定的其他行政处罚，都属于税务行政处罚的范围。税务行政处罚是行政处罚的一部分，其法律依据是《中华人民共和国行政处罚法》和《中华人民共和国税收征收管理法》，其特点与行政处罚一样，主体是税务机关，即必须是具有执法主体资格的各级税务机关，客体是违反法律、法规的管理相对人，具体涉及税务领域的行政处罚种类主要有：

（1）责令限期改正。这是税务机关对违反法律、行政法规所规定义务的当事人的谴责和申诫。责令限期改正主要适用于情节轻微或尚未构成实际危害后果的违法行为，是一种较轻的处罚形式。责令限期改正，既可以起到教育的作用，又具有一定的处罚作用，因而被广泛采用。

（2）罚款。罚款是对违反税收法律、法规，不履行法定义务的当事人的一种经济上的处罚。由于罚款既不影响被处罚人的人身自由及其合法活动，又能起到对违法行为的惩戒作用。因而罚款是税务行政处罚中应用最广的一种。行政机关在行使罚款权力时应依法行使，严格遵循法律、法规规定的数额、幅度、权限、程序及形式。

（3）没收财产。没收财产是对行政管理相对一方当事人的财产权予以剥夺的处罚。具体有两种情况：一是对相对人非法所得的财物的没收。就性质而言，这些财物并非相对人所有，而是被其非法占有。二是财物虽系相对人所有，但因其用于非法活动而被没收。

（4）收缴未用发票和暂停供应发票。

（5）停止出口退税权。

八、损害兼行政执行罚说

以中国台湾学者黄茂荣教授为代表的学者们认为税收滞纳金兼具了执行罚和损害赔偿，从税收债务说的角度，国家债权人应有债权受到损害时得到损害赔偿的权利，故可以合理地认为税收滞纳金中本就包含迟延履行的利息。

九、附带给付说

以中国台湾学者陈清秀教授为代表的学者们认为税收滞纳金属于租税附带给付的一种，在给付中分为直接税种的主给付、从属税种的从给付和税收滞纳金及利息的附带给付三种，陈清秀教授认为"税收滞纳金具有独立性"，并不因本税核定的变更或废弃而影响其数额。

十、税收滞纳金独立说

我国税收长期以来受行政法规制，在实践中这种单方的强制性、单务性在一定程度使征税权滥用、公民财产权受到侵犯导致征纳双方关系紧张，公法的规制反而引起税收不履行的蔓延。税收滞纳金理论以科斯理论为基础，从税收滞纳金产生、发展和消灭①的各个阶段，提出民法、行政法和刑法适用的范围。

综合以上理论学说，从公法与私法之共通性，民法、行政法与刑法的关联性出发，将私法制度引入税法，特别是在税收滞纳金制度中形成公法与私法相互借鉴、补充、协调的法律格局。既可以限制权力的滥用，强化税收保障，又可以用平等合作等私法精神平衡政府与纳税义务人关系，保护纳税人的合法利益。

---

① 税收滞纳金制度不仅是税收之债效力的主要内容，而且是整个税收制度的核心。与私法之债一样，税收债务得以消灭的最主要途径即为履行。"履行是指债务人按照债的本旨实现给付的行为，履行的效力在于债务因债权目的的达到而归于消灭"（王丽萍，李洪武. 债权法学［M］. 青岛：山东大学出版社，2008：78）。

第三章 税收滞纳金的发生、征管和消灭

第一节 税收滞纳金的发生

一、税收之债

税收之债是指作为税收债权人的国家或地方政府请求作为税收债务人的纳税人履行纳税义务的法律关系。在这一法律关系中，国家或地方政府是债权人，国民（纳税人）是债务人，国家或地方政府享有的权利是依法请求国民履行纳税义务，国民（纳税人）的义务是应国家或地方政府的请求而履行纳税义务。

税收之债的产生，也称为税收之债的成立，是指税收之债关系在有关当事人之间的确立。关于税收之债产生的时间，税法上并没有明确的规定，在理论上，主要有两种学说：一是课税处分时说；二是构成要件实现时说。

课税处分时说认为税收之债经由课税处分而产生，课税要件的满足并不成立税收之债，只有经过征税机关的课税处分才成立税收之债。构成要件实现时说认为税收之债在法律所定的构成要件实现时成立，征税机关的课税处分只是具体确定税收债务的数额，仅仅具有宣示作用。

课税处分时说所无法克服的矛盾主要有：

（1）税收之债满足构成要件以后离课税处分形成之间尚有一段时间，而这段时间随着征税机关课税处分的及时与否而有长短不同，这样，同时满足税收之债构成要件的税之债却有可能具有不同的成立时间，这对于税收债务人是不公平的，在理论上也难以论证其合理性；

（2）课税处分在税收救济途径中被变更或撤销时，税收之债产生的时间则难以确定；

（3）税收法定主义要求税收之债仅依法律的规定而成立，课税处分时说把确定税收之债是否产生及何时产生的权力赋予征税机关，有违税收法定主义之虞。根据以上分析，采用构成要件实现时说较为合理。

上述两种学说是与税收法律关系性质的学说相对应的，把税收法律关系视为权力关系的理论在税收之债成立时间的问题上一般会采取课税处分时说，把税收法律关系视为债务关系的理论在税收之债的成立时间问题上一般会采取构成要件实现时说。根据本书对税收法律关系性质的探讨，采用构成要件实现时说也较为合理。

税收债务关系是针对税收债权人与税收债务人之间关于税收债务的发生、变更与消灭的法律关系而言。税收债务关系的当事人一方为税收债权人，另一方为税收债务人。

二、不当得利

不当得利是指没有合法根据，或事后丧失了合法根据而被确认为是因致他人遭受损失而获得的利益。如售货时多收货款，拾得遗失物据为己有等。取得利益的人称受益人，遭受损害的人称受害人。不当得利的取得，不是由于受益人针对受害人而为的违法行为；而是由于受害人或第三人的疏忽、误解或过错所造成的。受益人与受害人之间因此形成债的关系，受益人为债务人，受害人为债权人。不当得利的特征：

（1）双方当事人必须一方为受益人，另一方为受害人。

（2）受益人取得利益与受害人遭受损害之间必须有因果关系。

（3）受益人取得利益没有合法根据，即既没有法律上，也没有合同上的根据，或曾有合法根据，但后来丧失了这一合法根据。受益人在得知自己的受益没有合法根据或得知合法根据已经丧失后，有义务将已得的不当利益返还受害人。不当得利的类型依据不同标准可以做不同划分，最基本的划分是依据不当得利是否基于给付行为而发生，将其分为给付不当得利与非给付不当得利。

给付不当得利指受益人受领他人基于给付行为而移转的财产或利益，因欠缺给付目的而发生的不当得利。这种欠缺给付目的既可以自始欠缺给付目的，也可以是给付目的嗣后不存在，还可以是给付目的的不达。这里的给付目的，也指给付的原因。给付者给予财产为财产损益转移，或为其他给付，总有一定的目的或原因，或为债务的消灭，或为债权的发生，或为赠予。这里的目的或原因就成了受领给付者受取利益的法律上的根据。如果由于某种原因，给付目的（原因）不存在或不能达到，那么受领给付者的受有利益便会因为无法律上的根据而成为不当得利，给付不当得利在于调整这种欠缺给付目的的财产变动。

三、无因管理

无因管理是指没有法定或约定的义务，为避免他人利益遭受损失，自愿管理他人或为他人提供服务的行为。管理他人事务或为他人提供服务的人为管理人；受管理人管理事务或提供服务的人为本人，又称受益人。

（1）无因管理的主体包括管理人与本人，区别于其他一般民事主体。一般民事主体必须具有一定的民事行为能力，而无因管理的主体则无此限制，只要能从事一定的事实行为即可。任何自然人、法人及其他组织都可成为无因管理的民事主体，即只要具有民事权利能力的主体均可成为无因管理的主体。

（2）无因管理是一种事实行为。无因管理为一种法律事实，是产生无因管理之债的法律上的原因，基于无因管理产生的无因管理之债是法定之债，此债的关系和内容是由法律直接规定，而非当事人约定的。无因管理属于法律事实中与人的意志有关的人的行为事实，无因管理事实的构成以事务管理的承担为准。无因管理属于事实行为，但无因管理所管理的事务，可以是法律行为，也可以是事实行为。

（3）管理人没有法定义务或约定义务。在无因管理中，管理人对于本人须无法律上的义务（既没有法定的义务，又没有约定的义务）。管理人依约对于本人负有义务时不能成立无因管理。管理人对于本人依法负有义务时也不能成立无因管理。这是无因管理的最基本特征。

（4）管理人为他人管理事务。管理人在进行管理时，其管理的对象是他人的事务，目的是避免他人利益遭受损失。

（5）补偿性。管理人对本人的请求权仅限于必要的对管理费用支出的补偿，而没有报酬请求权。

四、侵权行为

根据《中华人民共和国民法通则》的规定，侵权行为一般是指行为人由于过错侵害他人的财产、人身，依法应承担民事责任的行为；行为人虽无过错，但法律特别规定应对受害人承担民事责任的其他侵害行为，也属于侵权行为。从构成要件区分，侵权行为可分为一般侵权行为与特殊侵权行为。一般侵权行为是指行为人有过错直接致人损害，因此适用民法上的一般责任条款的行为。这是最常见的侵权行为，例如行为人故意损坏他人财产，故意损伤他人身体等。特殊侵权行为指行为虽无过错，但他人的损害确由与行为人有关的行为、事件或特别原因所致，因此适用民法上的特别责任条款或民事特别法的规定，应负民事责任的行为。

《民法通则》规定了以下几种特别侵权行为：

（1）国家或者国家机关工作人员在执行职务中，侵犯公民、法人的合法权益造成损害；

（2）因产品质量不合格造成他人财产、人身损害；

（3）从事高空、高压、易燃、易爆、剧毒、放射性、高速运输工具等对周围环境有高度危险的作业造成他人损害；

（4）违反国家保护环境防止污染的规定，污染环境造成他人损害；

（5）在公共场所、道旁或者通道上挖坑、修缮安装地下设施等，没有设置明显标志和采取安全措施造成他人损害；

（6）建筑物或者其他设施以及建筑物上的搁置物、悬挂物发生倒塌、脱落、坠落造成他人损害；

（7）饲养的动物造成他人损害。

侵权民事责任的一般构成要件包括主观要件和客观要件。客观要件指要有侵权损害事实，加害行为的违法性，违法行为与损害结果之间有因果关系。主观要件指行为人需有行为能力，行为人主观上有过错。对于特殊侵权的民事责任，则实行无过错原则，即不管行为人主观上是否有过错，只要其行为造成损害结果的，均要承担民事责任。

第二节　税收滞纳金的征管

一、税收滞纳金征管概述

我国税收滞纳金制度分析与域外比较从以下两个方向展开：

一是税收滞纳金的制度构成角度，将税收滞纳金制度从产生、发展和消灭的阶段分为税收滞纳金担保制度、核定征收制度、减免制度、中止与期间扣除制度、消灭制度、先税后证制度、第三人履行制度、追征期限制度、分期履行制度、和解制度、预先裁定制度、救济制度、民法援用、给付顺位制度、人格否认和连带制度以及义务实效制度等。

二是域外税收滞纳金立法经验和我国立法借鉴角度，系统地列举了日本、美国和德国在各相关制度方面的立法，结合我国现状提出改进。税收滞纳金优先权制度和以欠抵税制度两个总括性制度的特点叙述如下：

税收优先权是国家税收和其他债权发生处突时的法律适用原则。税收滞纳金是否和税收一样拥有优先于普通债权的绝对优先权和优先于无担保债权的相对优先权？

一是根据《税收征管法》第四十五条的规定，税收滞纳金的优先性低于税收；

二是税收滞纳金征管机关可以选择征收企业当期和以前任何时候申报的应交税金，虽然一笔"应交税金"自动对"应税滞纳金"，根据国家税务总局的规范文件，税收征收与税收滞纳金的征收亦实行配比原则。但是学理解释偏向于"先税收、再税收滞纳金和税收罚款"的原则。

实践中，税务征管系统虽然同时产生税收滞纳金与税款的数据，但是该系统并未要求纳税人一并缴纳，缴纳金额的"税务开票"可以单独选择开具税款发票或者税收滞纳金发票。税务机关在征税系统里享有自由选择权。

二、税收滞纳金第三人履行

第三人履行可以使得税收滞纳金消灭，此第三人可以是法定的连带责任第三人，比如继承人（学说存在分歧①）、合并分立法人、共同清偿人、纳税担保人、企业清算人、未足出资投资人和财产共有人；也可以是税务机关认可的非连带独立第三人。税收滞纳金第三人履行制度所涉及的第三人分述如下：

一是继承人对税收滞纳金的第三人履行，我国《2015 税收征管法》草案第八十条规定纳税义务人未缴清的税款，其财产继承人或受赠人以继承或受赠的财产为限履行清偿义务。该条款与《中华人民共和国继承法》（以下简称《继承法》）第三十三条：遗产继承应当清偿被继承人依法应当缴纳的税款和债务，缴纳税款和清偿债务以他的遗产实际价值为限。超过遗产实际价值部分，继承人自愿偿还的不在此限。另外，《继承法》还指出，继承人放弃继承的，对被继承人依法应当缴纳的税款和债务可以不负偿还责任。即税收征管法仅体现我国继承法"限定继承原则"，而对于"放弃继承原则"并未做出规定。

---

① 参见施正文《税收债法论》中的观点：税收滞纳金与税收利息、罚款属于第二次税收债务关系，与税收本身均属于金钱给付请求权，虽然与人有关，但不具有高度的属人性，理论上可以概括承受。其他学者观点还有：①肯定说，肯定说认为税收滞纳金不具有人身专属性，被继承人作为法定第三人得以连带继承；②否定说，税收滞纳金仅及于纳税义务人一身，随主体存续，并不发生继承；③折中说，税捐债务得为继承，仅限继承遗产范围负有清偿义务。肯定说和折中说均认为税收滞纳金存在第三人连带履行责任。

二是法人合并、分立后税收滞纳金的清偿问题，《2015 税征草案》第七十八条规定：纳税人有合并、分立情形的，应当向税务机关报告，并依法缴清税款。纳税人合并时未缴清税款的，应当由合并后的纳税人继续履行未履行的纳税义务；纳税人分立时未缴清税款的，分立后的纳税人对未履行的纳税义务应当承担连带责任。首先，《税收征管法》第七十八条规定的"合并后纳税义务人"与"分立后纳税义务人"并没有区分《中华人民共和国公司法》（以下简称《公司法》）第一百七十五条和一百七十七条的新设立与派生设立的情况，在合并中，A、B 企业合并成 C 企业，原纳税义务人 A、B 企业消灭；分立中，A 企业分立为 B、C 两个企业，A 企业办理注销登记，其纳税人资格亦归于消灭。其次，虽然税收征管法规定的连带责任可以最大限度地保证税收的安全，但是税收滞纳金的立法目的是催促纳税义务人尽快履行纳税义务。税务机关为了妥善处理欠税负担问题，特别是在法人分立的情况下，与其他税收债务人签订债务承担协议，应是现实需要。

三是清算人对税收滞纳金的连带清偿问题。企业注销应当成立清算组，未经清算或者未尽清算义务致使欠税清缴不能进行的，应承担欠税清偿责任。税收滞纳金第三人法定连带责任的清算人员包括：有限公司公司股东、股份公司董事、控股股东以及实际控制人。为防止税务机关的民法权力滥用，在企业注销流程①中，如果税务局怠于行使账目清查权利，或者过错致使税款流失的，不应行使税收滞纳金的清算人连带责任。这一观点在 2015 税征草案，税收滞纳金的征收起点从"税务处理决定书"期限届满之日计算得到支持。

四是投资人对税收滞纳金负有连带责任。首先，个人独资企业、合伙企业和个体工商户的法定代表人，对税收滞纳金缴纳负有连带责任。其次，公司股东滥用权力侵害公司和其他股东利益，严重损害公司债权人利益的应当对公司承担连带责任。税收滞纳金作为国家债权，滥用股东权力的公司股东承担连带责任。最后，公司法"资本维持"原则要求投资人在出资范围内承担责任，未实际出资、虚假出资和不足出资的投资人承担税收滞纳金债务的连带责任。

三、税收滞纳金连带责任

税务机关认可的非法定第三人代为清偿税收滞纳金，在制度上如何适用？第三人履行通常表现为第三人单方自愿履行纳税义务人的所欠税收滞纳金行为和纳税义务人与第三人达成税收滞纳金清偿债务协议两种。根据《合同法》

---

① 首先注销公告的发布、然后是税务局的注销、最后是工商局的注销。

第六十五条的规定，当事人约定由第三人向债权人履行债务的，第三人不履行债务或者履行不符合规定，债务人应当向债权人承担责任。可见三方主体约定第三人承担税收滞纳金缴纳义务的，纳税义务人负有连带责任。但是如果是第三人自愿履行的，经税务机关同意，第三人对履行承担责任。税收滞纳金之债并非专属人身之债，可以引用民法的第三人履行制度，扩大履行主体更有利于税收滞纳金的实现。第三人履行不等于税收债务人的变更，不违反税收法定主义。

实践中，类似税收滞纳金制度的第三人履行已经广泛存在，只是税收征管法并未对此做出立法上的规定。例如房屋出租合同，税务机关与房屋所有者是双方主体，实践中为了便于征管，规定由"承租人缴纳房产税"；在先税后证制度中，不动产过户应纳税费由"申请执行人作为第三人履行"代替被执行人承担。

四、税收滞纳金内容变更

债的变更是指不改变债的主体而只改变债的内容的情形。债的变更只能发生在债成立后、尚未履行或者尚未完全履行之前。已经终止的债，无变更的意义。

（1）原已存在有效的债的关系，债的变更是建立在原来存在有效的债的关系上的，如果原来并不存在合法有效的债的关系，则不会发生债的变更。

（2）债的变更须依当事人意思表示或者依法律的直接规定以及裁判机构的裁决进行，债的变更通常是基于当事人的约定，可以因双方当事人的约定而变更，也可以因有形成权的一方当事人的意思而变更，如选择权人依法行使选择权，将选择之债变更为简单之债。债的变更也可以基于法律的直接规定，如债务人债务违反，致使履行债务对债权人已经没有意义时，债转化为损害赔偿之债。债还可以因人民法院、仲裁机构的裁决而发生变更，如对于因重大误解而订立的合同或者显失公平的合同，当事人可以申请变更或者撤销，申请变更的，人民法院或者仲裁机构可以予以变更。

（3）须有债内容的变更。当事人对于变更债的内容的约定应当是明确的，如有约定不明确的，推定为未变更。并且，变更的内容不得违反法律的规定，不得损害国家、集体、第三人的合法权益，不得违反社会的公序良俗。

（4）债的变更须依法定的方式，在当事人协商变更债的内容的场合，双方当事人可以基于意思表示真实的原则，自由地变更债的关系，但法律、行政法规规定应当办理批准、登记手续的，应当办理。在依法律规定及由裁判机构的裁判变更的场合也是如此。

债的内容的变更有以下情形：

（1）标的物的变更。如标的物的种类的更换、数量的增减、质量要求的变化、规格的变更等。

（2）债的履行条件的变更。如履行期限、履行地点、履行方式、结算方式的变更等。

（3）债的性质的变更。如买卖变为租赁、原合同之债变为损害赔偿之债等。

（4）所附条件或者期限的变更。如所附条件除去或者增加，所附期限延长或者提前等。

（5）债的担保的变更。如设定担保，或者使已经设定的担保消灭等。

（6）其他内容的变更。如违约金条款的变更、选择处理争议的机构的变更等。

债的变更有以下效力：

（1）债的变更使债的内容发生改变，债务履行有了新的依据。债变更后，债的当事人都应接受变更后的债的约束，被变更的债的内容不再有效。

（2）债的变更原则上仅对将来有效。即对于已经履行的债务，没有溯及力，任何一方不得因债的变更要求对方返还已经做出的履行，但法律另有规定或者当事人另有约定的除外。

（3）债的变更不影响当事人要求赔偿损失的权利。如果由于债的变更给一方当事人造成损失的，受损失的当事人有权要求另一方予以赔偿。

第三节　税收滞纳金的消灭

一、税收滞纳金的清偿

债务清偿是指债务人根据法律的规定或合同约定履行自己的债务以解除债权债务关系的行为，债务清偿是企业负债经营过程的重要环节，是实现企业连续负债经营的前提。同时，债务清偿还是企业日常经营活动中的一项重要的财务工作。

债务清偿对于具体的企业而言有以下几点好处：

第一，有利于企业保持一个良好的信誉，为企业进一步举债奠定基础；

第二，有利于强化企业的危机意识和增强企业的效益观念；

第三，有利于企业适时调整其财务结构，创造利于经济效益提高的条件。

债务清偿是企业债务运动即借债—用债—还债中的必然现象和重要环节。企业要开展好负债经营活动，必须摒弃我国目前企业之间不正常的债务拖欠现象，遵循在债务清偿中应当遵循的一些原则。

（1）实际履行原则，也称实物履行原则，是指债权人、债务人必须严格按照规定的标的完成各自应履行的义务。在合约的履行中，不能以其他标的物代替合同的履行。不能用支付违约金和赔偿损失的方法代替合同的履行。只有这样，才能有效地保证相关企业的生产经营活动有序开展。当然，由不可抗力等原因造成不能实际履行时，也可酌情允许延期履行、部分履行或不履行。

（2）全面履行原则，也称适当履行原则。债务人必须依合同约定的期限、方式来履行债务，而不得随意提前、迟延或更改履约方式。这样，才可有以效保护债权人的利益。

（3）协作履行原则。债权债务当事人双方要团结协作、互相帮助、共同努力，履行各自应尽的责任，保证合约的履行。

（4）强制履行原则。债务人对到期债务不偿还，而又不属于例外责任的情况的，执法机关可以强制其履行，直至其破产清算。这样可促使企业强化经营管理，增强法制意识，有效地避免"债多不愁"的不正常现象。

（5）履行的效益原则。指债务人在法律规定及债权人许可的情况下，可合理选择偿债期限与方式，做到于人于己有利或于人无损、于己有利。

债务清偿途径就是指解除债权债务关系的方法。主要分两大类，即正常途径和特殊途径。

（1）正常途径，正常途径是债务人依据约定履行债务时所采用的方法。如企业到期足额以现金或银行存款还银行贷款、支付供货厂商的应付货款；用合质合量的产品或劳务偿付预收货款等。

（2）特殊途径，由于债务企业暂时的偿债能力或约定条件的变更等原因，不能履行其债务时所采用的方法。

二、税收滞纳金追征期消灭

《2015 税征草案》第八十六条①文义解释可知：税收滞纳金随《税务处理决定书》期限届满而产生，对于第 3 款规定的"纳税人欠税超过二十年，税务机关执行不能的不再追征"，并未明确税收滞纳金的追征期限。换句话说，税收滞纳金及税款的征收与否，需要看税务机关的"自由裁量权"和纳税义务人是否在"规定期限内"履行。笔者管见税收之债作为请求权的理论基础，权利应当受到时效消灭制度的限制，这是法律秩序的安定性要求。我国税收滞纳金追征期从《2015 税征修订草案》来看，是有明确"核定期"和"征收期"概念的。核定期指税收决定书出具之纳税期限届满时期；征收期是指税收处理决定书期限届满之日至税款缴纳时期。欠税若没有消失时效之日，税收滞纳金也没有追征期消灭之时。笔者认为税收滞纳金的追征期消灭相较税款征收期具有特殊性在：

一是税收滞纳金的追征期不仅受到税款时效消灭制度的影响，并且在税收补偿顺位的规则下单独存在，这种税收滞纳金单独存在的状态如何适用时效消灭制度，目前我国尚没有相关制度学说借鉴。关于税收滞纳金随税收时效消灭制度而产生的追征期问题，税收征管法应当明确欠税时效消灭的固定期限为 5 年（参照《2015 税征草案》第八十五条之退抵税制度）。"超过 20 年追征不能才消灭"的表述，片面强调国家公权力的行使而忽视了纳税义务人合法权益。关于税收滞纳金独立存在期间的追征期，建议按照税收滞纳金征收上限 48% 的三个月开始起至 3 年后税收滞纳金诉讼期消灭。

二是追征期是否适用中断和中止制度，学界对此存在广泛争论②。笔者认为，税收滞纳金作为债权请求权，受到民法之债法规则的调整，应当属于追征期可中止的"消灭时效"。

税收债权消灭时效是指税收债权不行使的事实状态在法定期间内持续存

---

① 第八十六条规定，因纳税人、扣缴义务人过失造成少报、少缴税款的，税务机关在五年内可以要求纳税人、扣缴义务人补缴税款；对未办理纳税申报以及逃避缴纳税款、抗税、骗税的，税务机关在十五年内可以追征其未缴或者少缴的税款或者所骗取的税款；纳税人欠税超过二十年，税务机关执行不能的，不再追征。

② 有的学者认为税收追征期时效适用"除斥期间"，税收滞纳金的行政处分为税务机关核定权，是将税收滞纳金债权的具体化，相当于不可中断和中止的形成权行使期间；另有一种观点认为，税收滞纳金适用民法权利的诉讼时效，即税收滞纳金因行政措施、行政复议和行政诉讼而产生中断效果，若追征期结束没有发生法定事由，则税收滞纳金征收权利归于消灭；最后台湾学者陈清秀教授持税收滞纳金实体法上为可消灭时效，程序上为除斥期间的折中学说。

在，即经过一定的法定期间不行使税收债权，产生该税收债权丧失的法律效果。税收债权消灭时效由法律事实、期间和法律后果三个要素构成，其中法律后果是核心要素。

（1）有助于实现税法的安定性和税收法律秩序的和平。由于税收请求权在发生后随着时间的流逝而愈加难以证明，对有关证据资料不可能无时间限制地进行永久保管，当事人的记忆时间也有限，因证明困难导致无法正确查明的事实与时俱增，此时如再允许强求，税收的确定和征收将大受影响。为避免举证困难和课税凭证资料的过长时间的保管，维持法律秩序的稳定，税收债权请求权的主张不能毫无时间限制，至少，应就该项权利主张赋予债务人一项抗辩权，或使该项权利归于消灭。

（2）税收债权消灭时效会促使权利人及时行使权利。正如法谚所谓"法律不保护权利上之睡眠人"，消灭时效削弱了权利人的权利，其用意无非在于限制权利的不行使，增进征税效率，防止征税机关因"怠于行使征税权力"而导致税款损失，并保护纳税人的权利。

（3）作为证据之代用。税收债权长期不行使，会因有关证据的湮灭而使税收债务难以证明。实行时效制度，凡时效期间届满，即认定税收债权人丧失权利，可避免当事人举证及法庭调查证据的困难。这也说明，时效制度所要实现的并不是一种绝对的正义，而只是一种相对的正义，是可能比较接近实质的正义。

三、税收滞纳金的抵销

税收滞纳金抵销权制度是纳税义务人同时存在欠缴税款和多缴纳其他税种税款能否抵销所欠税款并免除税收滞纳金的处理制度。因银行存款利率与税收滞纳金征收率差距较大，从经济补偿的角度看，纳税人并未占用国家税收的情况下，税收滞纳金抵销权有存在的空间，具体情形可以分成三种①。其他例如税收滞纳金计算与核定、预约裁定、纳税担保、期间中止与扣除、纳税分期与延期、行政听证复议与诉讼、税收滞纳金优先权及补偿顺位、税收滞纳金追征期间、第三人履行及行政刑法与行政义务实效等制度按照税收滞纳金的产生、征管与消灭阶段展开。

---

① 一是欠税时间与多缴税款时间相同情形，若欠缴税款大于多缴税款部分按照税收滞纳金征收率加征，若欠税税额小于多缴税款的部分参照银行存款利率退税；二是欠税金额小于多缴税款时间的，以同时间段内欠税款为限，多缴纳的税款按照银行存款利率退税。三是欠税时间大于多缴纳税款时间的，数额低于欠税税额的部分，可以按照税收滞纳金的银行存款利率取得退税。

债务抵销是指二人互负债务时，各以其债权充当债务的清偿而使其债务与对方的债务在同等数额内互相抵销。债务抵销依其不同的发生根据，可分为法定抵销与合意抵销。其中，法定抵销由法律规定其构成要件，法定抵销的抵销权性质上为形成权，依有抵销权的当事人的单方意思表示即可发生法律效力。而合意抵销因重视当事人的意思自由，可不受法律规定的构成要件约束，当事人须就抵销达成一致，即可发生效力。抵销的要件有以下三点：

1. 抵销人与被抵销人之间互负债务、互享债权

双方互享债权、互负债务为双方行使抵销的前提条件。另外，当事人双方存在的两个债权债务关系，须均为合法存在。其中任何一个债为不法，均不得主张抵销。

2. 抵销的债务必须是同种类的给付

如果双方互负债务的标的物种类不同，如允许抵销，则不免使一方或双方当事人的目的难以实现。用以抵销债务的通常是同种类的货币或者实物。如果种类相同而品质不同，用品质较高者与品质较差者抵销时，对于被抵销人并无不利，应当允许。如果一方或者双方的债权标的物为特定物，原则上不允许抵销，尤其是以种类物债权抵销特定物债权时，更不允许。

3. 必须双方债务均已届清偿期

抵销具有相互清偿的作用，应自双方债务均已届清偿期，始得为抵销；债务未到清偿期，债权人尚不能请求履行，因而不能以自己的债权用作抵销，否则等于强令债务人期前清偿。如果清偿期限利益是为债务人而设时，原则上债务人得提前清偿，此时债务人主张以自己的未届清偿期的债务与对方当事人已届清偿期的债务抵销，可认为其放弃期限利益，应允许抵销。

4. 双方适用抵销的债务是能抵销的债务

不得用于抵销的债务，大致有如下几种：

（1）性质上不得抵销。例如不作为债务、提供劳务的债务以及抚恤金、退休金、抚养费等与人身不可分离的债务。

（2）法律规定不得抵销。如：禁止强制执行的债务（保留被执行人的生活必需品）等。

（3）当事人特别约定不得抵销的。

抵销的效力，抵销权为形成权，此种意思表示一经抵销权人作出意识表示即发生法律效力，不须对方当事人的同意，也不以诉讼上裁判为必要。抵销的方式也无限制，抵销的意识表示发出后，不得撤回。

四、税收滞纳金的免除

税收滞纳金减免情形区别于《中华人民共和国行政强制法》中规定的行政滞纳金条款，行政强制法第四十二条①规定、第四十五条②规定的措辞，意味着行政滞纳金征收与否存在自由裁量权。而税收滞纳金不然，税收滞纳金仅仅存在因为税务机关过程免除情形和经省级税务机关批准的延期缴纳情形两种，并无"减少比例"的规定。对比《德国租税通则》第二百四十条第2款和第3款的规定，税收有两种减免情形及租税之附带给付和五日内给付；《日本国税通则》第四十六条和第一百五十三条也规定了两种减免情形，分别是因灾害和因执行处分。《税收征管法》第三十三条规定，纳税人依照法律、行政法规办理减税、免税。

笔者结合我国税收滞纳金制度现状提出几点建议：

一是设立弹性的税收滞纳金缓交期限，目前《税收征管法》规定的最长不超过三个月，对于罹患重疾和遭受自然灾害的纳税义务人，很难在短期内完成资金的筹措工作，如此一刀切的做法不利于税收征管。

二是完善《2015税征草案》第一百零四条的规定，将纳税人"有特殊困难"的定义细化；同时将税务机关的执行协议分阶段履行，采取的"补救措施"定义细化；另外建议将"可以减免"的措辞修改为"应当减免"，使税收滞纳金的减免政策落地；最后，税收滞纳金的"减少比例"和"免除条件"需要进一步的细化。

三是将分布于各类税法条文中税收滞纳金减免政策的条文在《税收征管法》中予以列明，以便税收行政机关执法人员和司法审判人员应用。如前文所述，税收涉税案件的审理具有高度的专业性和技术性，作为税收主体的税务机关不同于纳税义务人，拥有天然的税收知识"优势地位"。税收滞纳金的"减免条款"应当集中整理在《税收征管法》或者《中华人民共和国税收征收管理法实施细则》之内。

---

① 行政滞纳金既可以减少也可以免除，行政机关可以在不损害公共利益和他人合法权益的情况下，与当事人达成协议分阶段履行，当事人采取补救措施的，可以减免加处的滞纳金。

② 行政机关依法作出金钱给付义务的，行政机关"可以"加处罚款或者滞纳金。

第四章　税收滞纳金之债的效力

第一节　税收滞纳金之债的效力概述

一、税收债务的效力概念

税收债务的效力是指税收之债成立之后，为了保证税收之债内容的实现，法律上所赋予税收之债的效果或权能。税收法律责任作为强制实现义务的手段，也属于税收债务效力的范畴。据此，税收债务的效力体现在以下三个方面：

1. 给付义务

给付义务是税收债务人的主要义务，是税收债务效力的核心内容，是指税收债务人缴纳税款的行为及其所产生的税款所有权的移转效果。给付义务具有双重含义：其一是指给付行为，即税收债务人缴纳税款的行为，是对税收之债效力动态角度的体现；其二是指给付效果，即税款所体现的财产利益由税收债务人转移到税收债权人，是对税收之债效力静态角度的体现。给付义务是税收之债所固有、必备并用以决定其类型的基本义务。税收债法上的给付义务，在税收程序法上应称为纳税义务，是纳税人的主要义务。

2. 其他义务

由于税收具有高度公益性和非对待给付性，为了保证国家税收债权的实现，税收债务人除了要履行税款给付义务这一核心义务外，还应当履行与此相关的其他诸项义务，这些义务多属于税收程序法上的义务，它们构成税收债务人在税收程序法上的其他税法义务。税收债务人的其他义务主要包括：接受管理的义务（办理税务登记义务、设置和使用账簿及凭证义务、纳税申报义务等）、接受检查的义务（又叫协力义务或忍受义务，如接受调查、询问、扣押财产等义务）、提供信息义务、扣缴义务等。其他义务的履行会给税收债权人带来利益，有助于其给付利益最大程度的满足，但它却是税收债务人的一项负担。因此，其他义务的设立必须要根据法律的明文规定或是依据诚实信用原则或是基于征税机关依据法律规定，并且，有关其他义务的设定和履行是税收程序法极为重要的内容和功能。应当说明的是，给付义务及与此相关的其他义务构成了税法上的义务群，它的形成和发展是现代税法的功能、体系变迁及进步发展的重要标志，这对我们理解和研究税法甚有助益。

3. 税收责任

在法律上，"责任"有两种含义：一种含义为法律义务，指法律关系主体应这样行为或不这样行为的一种限制或约束；另一种含义为法律责任，是指不履行法律义务而应承受的某种不利的法律后果。在狭义上，责任一般是指后一种含义，这种法律责任是保证法律义务强制实现的手段，是对履行此项义务的担保。税收给付义务及其他义务要得到有效履行，必须有相应的法律责任来保证。税收债务是一种法定义务，违反法律规定不履行法定税收债务就是税收违法行为，应当承担相应的法律责任。因此，税收债务与税收责任系相伴而生，难以分开，税收债务人不仅在法律上负有当为义务，而且也承担了其财产的一部分或全部将因强制执行而丧失的危险。若非如此，实不能保障税收债权的满足，故税收责任是税收之债效力的内容之一。

二、税收债务的分类

（1）根据发生原因及债的内容是否以当事人的意志决定，法定之债与意定之债可分为法定之债包括侵权损害赔偿之债、不当得利之债、无因管理之债及缔约过失之债；意定之债主要是指合同之债。

（2）根据标的物属性的不同，可分为特定物之债与种类物之债。

（3）根据债的主体双方人数不同，可分为单一之债与多数人之债。

（4）根据各方各自享有得权利或承担的义务及相互间关系，可分为按份之债与连带之债。按份之债是指债的一方当事人为多数，各债务人只对自己分担的债务份额负清偿责任，债权人根据请求各债务人清偿全部债务。在连带责任中，连带债权人在任何一人接受了全部履行，或者连带债务人的任何一人清偿了全部债务时，虽然原债归于消灭，但连带债权人或连带债务人之间则会产生新的按份之债。

（5）根据债的标的有无选择性，可分为简单之债与选择之债。

（6）根据两个债之间的关系，可分为主债与从债。主债是从债存在的依据，从债的效力决定于主债的效力，主债消灭从债也随之消灭。

（7）根据债务人的义务是提供财物还是提供劳务，可分为财物之债与劳务之债。

第二节 税收滞纳金之债对纳税义务人的效力

一、税收滞纳金给付的概念

给付是指债权债务所共同指向的对象。我国债权法理论上的客体，在德国民法中称为内容，在日本民法中称为目的。债权为请求权，债权人的请求权是针对债务人的特定的行为行使的，债务人的义务也正是此特定的行为，此债权人的请求及债务人所应实行的行为即为给付。在不当得利之债中，给付是不当得利人应返还不当得利的行为；在无因管理之债中，给付是本人应偿付管理人在管理活动中支出的必要费用；而在合同之债中，由于合同的双方当事人常常互为债权人和债务人，双方当事人的行为都为给付。当然，给付在某些情况下，也可以是不作为，即不为一定的行为，如债务人不得泄露技术秘密等。

给付与通常所说的履行、清偿不同。给付是从静态的角度，说明债权债务关系所赖以存在的基础，而履行是从动态的角度，描述债的效力和债的消灭的过程；给付是债的客体，是对债务人的行为的抽象，它概括了债务人的交付财物、支付金钱、提供服务等履行债务的不同形态，债务人的具体行为如何，在所不问，而履行和清偿则是针对债务人的具体行为而言的，如果债的内容不确定，则债务人无法履行债务，债的关系就不可能因清偿而消灭。可以说，给付是针对债的标的或客体而言的，履行是针对债的效力而言的，清偿是针对债的消灭而言的。

二、税收滞纳金履行的原则

债的标的可以依法律规定，也可以依当事人的意思而自由设定。债的关系由当事人协商确定时，给付须具备以下条件：

1. 适法

给付行为必须合法，或者至少不为法律所禁止。给付行为违反法律的强行性规定时，则在当事人之间不可能发生债权债务关系，如私自买卖金银，债的关系并不产生，也自然不发生法律效力；当给付行为违反社会公序良俗时，由于民事行为不得违反社会公德和社会公共利益，因而也为无效。

2. 给付须为确定

作为债的标的的给付如果不能确定，则债权债务关系无法确定，债将无法实现，因此给付须为确定。关于给付确定的时间，可以在债成立时确定，也可以在债成立后确定；在债成立后确定的，债的成立应有给付的确定标准或确定方法，从而使得给付在债务履行时能够确定。

3. 适格

适格即依事务的性质，适合于作为债的标的。首先，作为债的标的的给付，须具有法律意义，宗教上的事物以及单纯社交上的事务不得作为债的标的；其次给付还须为私法上的事务、公法上的事务，如选举、行政行为。

三、税收滞纳金履行的形态要求

在不同的债的关系中，给付具有不同的内容和表现方式。给付的形态，主要有以下几种：

1. 交付财物

交付财物是给付的最常见的给付方式。在买卖、租赁、保管、融资租赁等合同中，以及不当得利返还、侵犯财产所有权时的所有物返还等，都是以交付财物作为给付的形态的。债务人交付财物，有以下四种形式：

（1）现实交付。它是指将财产的占有现实地转移给债权人，这也是日常生活中最为常见的交付方式。

（2）简易交付。它是指债权人已占有标的物，依债权人与债务人所达成的让与物的合意，即完成交付，如基于保管、租赁等合同占有让与物的前提下，让与人与受让人达成转移物的所有权的协议，交付即完成。

（3）占有改定。它是指于交付后，债务人仍然占有让与物，依债权人与债务人所达成的让与物的协议，即为完成交付。

（4）指示交付。它是指财产为第三人占有时，债务人将物的返还请求权移转于债权人时，即为完成交付。简易交付、占有改定、指示交付与现实交付的法律后果相同，在所有权自交付时起转移的民法理论之下，均发生所有权转移的法律效果。交付作为给付的形态，与给付本身有着不同。给付是债的标的，而交付是给付诸多形态中的一种，除交付这种形态外，给付的形态还有支付金钱、提供劳务、转移权利等。此外，给付通常具有财产内容，但也不尽如此，不作为的给付就不具有财产内容，而交付财物均具财产利益，可以以金钱计算，并会给债权人带来一定的物质利益。因而不能将给付与交付作为同义使用。

2. 支付金钱

支付金钱也是比较常见的给付形态。金钱作为一般等价物，在支付价金、报酬、支付损害赔偿金、违约金等情形下经常适用。在我国，法定流通货币为人民币，此外还包括在涉外合同中作为标的物的外币。

3. 移转权利

移转权利在广义上包括所有权、债权、知识产权、他物权、股权等权利，由于转移标的物的所有权已为交付财物、支付金钱所包容，因而这里的移转权利，仅指不伴随物而单独作为转移对象的权利，即债权、知识产权、他物权、股权等。债权的转移，主要是通过债权让与的行为为之；知识产权的转移，主要是通过许可使用合同为之；他物权、股权的转移，也主要是依债权人与债务人达成合意而为之。当法律对某些权利的让与有特别规定时，应依照法律的规定办理。

4. 提供劳务

提供劳务是指债务人以自己的劳作、服务供债权人消费。如雇佣合同、委任合同、运输合同、技术服务、技术咨询合同等，都是以提供劳务作为给付形态的。劳务的提供与债务人的人身难以分离，因而现代各国民法都禁止以人身奴役性劳务作为债的标的；对于有违社会公序良俗的劳务提供，也在禁止之列。为保障债务人的人身自由，各国法律通常规定雇佣合同不得无期限地存在。

5. 提交成果

提交成果是债务人以自己的劳动、技术、智能等为债权人完成一定的工作，并将成果交与债权人。如承揽合同、技术开发合同等。提交成果与提供劳务不同，提交成果侧重于债务人向债权人提交的工作成果，而提供劳务则只要求债务人向债权人提供单纯的服务或劳作。如果给付的形态为提交成果，则即使债务人付出了劳动、但没有工作成果，也构成债务不履行，也应承担债务不履行的法律后果。

6. 不作为

不作为是指不为特定的行为。不作为包括单纯的不作为与容忍。单纯的不作为，如不为营业性竞争、不泄漏技术秘密或商业秘密等；容忍，如承租人容忍出租人对租赁物进行维修等。

四、税收滞纳金履行违反形态及后果

履行不能的原因很多，有时是因为标的物已灭失；有时标的物虽然存在，但因为法律上的原因而不能交付，如标的物被依法规定为限制流通物；有时是因为债务人自身的原因不能提供原定的劳务，如在以提供劳务为标的的合同中，债务人丧失劳动能力等。履行是否可能，应依照一般社会观念来判断，而不能仅凭债务人的观念加以断定。凡社会观念认为债务事实上已无法强制执行，即属于履行不能；即使尚有履行的可能，但如果履行将付出不适当的代价或冒有生命危险，或因此将违反更重大的义务，则依诚实信用原则，也应认定为履行不能。但履行不能不包括下列情形：关于履行不能的法律后果，因不能的原因的不同而有所不同，可分为因可归责于债务人的事由导致的履行不能、不可归责于债务人的原因导致的履行不能以及因第三人的原因导致的履行不能三种情况。

1. 因可归责于债务人的事由导致的履行不能

当履行不能是由于债务人的原因造成时，其法律后果为：

（1）债务人免除履行债务的义务。如果为全部不能，则债务人可全部免除义务；如果为一部分不能，则债务人免除不能部分的债务。如果为永久不能，债务人不再负履行义务；如果为一时不能，则除非以后的履行对债权人已无利益，否则债务人仍不能免除履行义务。

（2）在合同之债中，债权人可因债务人的履行不能而解除合同，并要求损害赔偿。

（3）债务人应负因履行不能而产生的法律责任。在一部分不能时，债权人有权请求履行不能部分的违约金、损害赔偿金，对其他部分，债权人有权要求继续履行；但若因部分不能使得可能部分的履行对债权人已无意义时，债权人有权拒绝接受该部分的履行，从而要求全部不履行的违约金、损害赔偿金。在全部不能、永久不能时，债权人有权要求解除合同，并要求债务人进行损害赔偿。

2. 因不可归责于债务人的事由导致的履行不能

在不可归责于债务人的事由导致履行不能时，其法律后果为：

（1）债务人免除履行原债务的义务，且不承担债务违反的法律责任。这时债务人可永久性地免除债务，即使以后债务能够履行，也没有义务再履行债务。在一部分履行不能时，债务人在不能的范围内免除履行义务；在一时不能时，债务人在履行障碍消灭前不负履行迟延的责任。

（2）在双务合同中，债权人免除对待给付的义务；对待给付已经完成的，可依不当得利的规定请求返还。

（3）债务人应及时向债权人告知履行不能或者需要延期履行或部分履行

的理由，并取得有关的证明。债务人不及时通知使债权人因此受到损失或者使损失扩大的，债务人应负赔偿责任。

3. 因第三人的原因导致的履行不能

如果债务人履行不能是因第三人的原因引起，则产生债权人的代偿请求权。代偿请求权是指债务人基于与发生履行不能的同一原因取得给付标的的代偿利益时，债权人有权请求债务人偿还其代偿利益的权利。比如因债务人疏于管理，标的物被第三人不法损坏，发生债务人对第三人损害赔偿请求权，同时发生对债权人的履行不能。这时，债权人可向债务人主张债务违反的责任，也可向债务人请求让与其对于第三人的损害赔偿请求权或者已经取得的损害赔偿金。代偿请求权的成立，须具备以下要件：

（1）须发生债务人履行不能，在可能履行的情况下，债权人可以请求原来的履行，不会产生代偿请求权。

（2）债务人须因发生履行不能的事由而取得利益，即利益与履行不能的原因之间有因果关系。比如债务人因给付标的物灭失而取得的保险金或保险金的请求权，均可作为代偿请求权的客体。而如果因标的物灭失，出于同情朋友赠予同情金，则因与发生履行不能的事由无因果关系，债权人不能就此行使代偿请求权。

（3）债务人取得的利益须具有可转让性。具有人身性质的扶养金请求权、非财产上的损害赔偿请求权等，不具有可转让性，不能作为代偿请求权的客体。

（4）作为代偿请求权的标的，其利益应以原债权额为最高限额，超过原债权额的部分，债务人有权拒绝。

从不完全履行所造成的损害的角度，我们可以把不完全履行分为瑕疵给付和加害给付两大类。

（1）瑕疵给付。瑕疵给付是指给付本身不完全，具有瑕疵，以致减少或丧失该给付本身的价值或效用。瑕疵给付所侵害的是债权人对完全给付所具有的利益，即履行利益。瑕疵给付在日常生活中较为多见，如给付的标的物的品质不当、数量不当、给付方法不当、地点不当等，但最常见的是标的物的质量上的瑕疵或者履行行为上的瑕疵，如承揽完成的工作质量不合格、房屋修缮人偷工减料使房屋的价值减少等。另外，债务人不履行附随义务时，也构成瑕疵履行，如出卖人未告知所售机器应特别注意的事项，买受人依通常的方法使用，发生故障或造成损害，这时对附随义务的违反亦构成不完全履行。

（2）加害给付。加害给付是指因债务人的履行行为有瑕疵，使债权人的其他利益受到损害。例如，债务人交付的家畜患有传染病，致使债权人的其他家畜受传染而死亡；因债务人交付的家电质量不合格，致使使用人在使用过程中受到损害等。在加害给付中，债权人受到的损害，可能是财产利益，也可能是人身利益。

瑕疵履行是指债务人虽然履行，但其履行有瑕疵，即履行不符合规定或约定的条件，致减少或丧失履行的价值或效用的情形。瑕疵履行是债务人有积极的履行行为，只是由于债务人履行有瑕疵，使债权人的利益遭受损害，故可称为积极的债务违反。其法律后果为：

第一，瑕疵能补正的，债权人有权拒绝受领，要求补正，并不负受领迟延责任。因标的物的补正而构成债务人迟延的，债务人应当承担迟延给付的责任。标的物虽能补正但对债权人已无利益的，债权人有权解除合同。经债权人催告而债务人不为补正的，债权人可以诉请法院强制执行。

第二，瑕疵不能补正的，债权人有权拒绝受领，请求全部不履行的损害赔偿，并可解除合同。债权人如仍愿受领，则可请求部分不履行的损害赔偿。当债务人的瑕疵履行使债权人的其他人身权益或财产利益受到损害时，便构成加害给付。因加害给付而致债权人的其他利益遭受损害的，无论是人身伤害还是财产损失，无论是既得利益的损失还是可得利益的丧失，债务人均应赔偿，当然，此时实际上已构成了侵权责任与违约责任的竞合，债权人可选择行使请求权。

第三节　税收滞纳金之债对不特定第三人的效力

一、税收滞纳金的纳税保全

税收担保适用情形分为税收保证金、纳税担保两种。

1. 税收保证金分为发票保证金、涉嫌逃税保证金、涉嫌骗税保证金和欠税出境保证金

税收滞纳金的纳税保证金主要适用涉嫌欠税保证金情况。《2015 税征草案》规定，税收滞纳金征收起点为税收决定的纳税期限届满之日，《税收征管法》并未就税收保证金与担保制度能否引起税收滞纳金的中止效果有所规定，税收滞纳金的担保制度存在必要。税收滞纳金纳税担保源于民法之债务担保：

一方面促使纳税义务人履行税款缴纳义务，保障国家债权人的税收债权得以实现；另一方面是纳税义务人因法定原因享有的延期纳税的宽缓期措施，可以保障纳税人持续经营、应对不可抗力等。因为税收担保保障了税款按期入库

的安全性且不会实际增加纳税人税收负担而被广泛应用。

税收滞纳金制度是否适用税收担保制度，即税收欠缴的纳税担保、出境担保是否引起税收滞纳金的中止效果。笔者认为税收担保应当然适用税收滞纳金制度①，虽然《税收征管法》并未明文规定纳税担保的效力是否及于主债、税收滞纳金及罚款。笔者认为，因为税收滞纳金根本目的在于确保税收缴纳的安全，符合纳税担保条件的，且税收滞纳金是税收这一主债的附带给付，相当于滞纳国家贷款的利息，税收担保当然适用税收滞纳金担保。税收担保合同属于行政合同以双方当事人达成合意为合同成立的基础，尽管税收法定主义对行政合同的合意做出限制，但是税收滞纳金担保合同的生效只要不违反法律强行性规定和双方的真实意思表示，应该借鉴民法之意思自治原则。

2. 税收保全制度是指为了维护正常的税收秩序，预防纳税人逃避税款缴纳义务，以使税收收入得以保全而制定的各项制度

税收保全制度具体表现为各类税收保全措施的实行以及征纳双方在税收保全方面所享有的权利和承担的义务。

税收保全制度与强制执行制度是税务机关享有的两项准司法权力，在实践和理论界，尤其是在日常税收征管工作中，人们容易对这两项制度产生混淆，从而影响税收执法的严肃性，因此，从理论上对这两项制度加以区别是非常必要的。

（1）实施的时间不同。税收保全制度是在法律规定的纳税期限之前实施；而强制执行制度只能在责令纳税人、扣缴义务人及纳税担保人限期缴纳和法律规定的纳税期限届满后才能实施。

（2）适用的对象不同。税收保全制度适用的对象较少，仅适用于纳税人；而强制执行制度适用对象较多，不仅有纳税人，也有扣缴义务人和纳税担保人。

（3）适用范围不同。税收保全制度是纳税人有逃避纳税义务的行为，其适

---

① 理由如下：一是税收担保要求的提出，目前限于两个前提条件，分别是税务机关认为纳税人有逃避征收行为和税务机关认为纳税人出境需要提供担保，此两大纳税担保的提出均只由税务机关提出，不利于纳税义务人为保持企业正常经营和持续偿债能力，只要担保物和担保人符合《中华人民共和国担保法》相应的要求，税收的担保当然包含税收滞纳金担保，税收滞纳金的计算中止。二是在税收实务中，税务机关往往为了税款的及时入库，与纳税义务人协商免除税收罚款和税收滞纳金的征收。对于满足税务机关调查资产负债情况、生产经营情况和纳税风险评估条件的纳税人提供的纳税担保，在责令缴纳税款期限内应当免除相应税收滞纳金的征收。三是税收滞纳金不同于税款的完全公益性，税收滞纳金适用于损害赔偿之民法之债，税收滞纳金担保援用《中华人民共和国担保法》第三十四条和第七十五条的规定，责任范围包括主债、利息、违约金、损害赔偿金和实现债权的费用。

用的范围仅包括应纳税款；而强制执行制度是纳税人逾期未履行纳税义务，其适用的范围包括应纳税款和违反税法规定的罚金，同时从滞纳之日起，按日加收滞纳税款万分之五的滞纳金。

（4）采取的方式不同。首先，在银行协助方面，税收保全制度采取的是书面通知金融机构冻结存款，而强制执行制度采取的是书面通知金融机构从其存款中扣缴应纳税款；其次，在财产方面，税收保全制度只是查封、扣押商品、货物和其他财产，而强制执行制度除了查封、扣押商品、货物和其他财产外，还包括以依法拍卖或者变卖被查封、扣押商品、货物和其他财产所得抵缴税款。

（5）对所有权的影响程度不同。税收保全制度只是税务机关对纳税人财产所有权中的使用权和处分权依法予以限制，对占有权、收益权等其他两项权益则没有限制或者影响，并未剥夺纳税人的财产所有权；而强制执行制度是税务机关对纳税人财产所有权的一种限制。在一定程度可以导致纳税人、扣缴义务人、纳税担保人的财产所有权发生变更，使当事人的财产所有权依法转为国家所有。

（6）入库方式不同。税收保全制度最终达到的是限定纳税人限期入库应纳税款，而强制执行制度可以是应纳税款、罚金、滞纳金直接入库。

（7）在特定的条件下，税收保全制度可以转化为强制执行制度。

在依法采取税收保全制度后，纳税人没有按照税务机关责令的缴纳税款的，经县以上税务局（分局）局长批准，税务机关可以书面通知纳税人的开户银行或者金融机构从其冻结的存款中扣缴应纳税款，或者依法拍卖或者变卖被查封、扣押商品，货物和其他财产。以拍卖或者变卖所得抵缴税款。这时税务机关扣缴纳税人存款，或者依法拍卖或者变卖所查封、扣押商品、货物和其他财产，就是从税收保全制度转化为强制执行制度。税收保全制度在特定的条件下可以转化为强制执行制度，但是税收强制执行制度无论在何种条件下都不会转化为税收保全制度。

二、税收滞纳金的代位权

税收代位权，是指欠缴税款的纳税人怠于行使其到期债权而对国家税收即税收债权造成损害时，由税务机关以自己的名义代替纳税人行使其债权的权力。2001 年 4 月 28 日九届全国人民代表大会通过了《税收征管法》，其在立法上首次规定了税收代位权制度。这一制度的引进，在我国税法上进一步明确了税收的公法之债的属性，具有重大的理论价值。同时，可以防止欠缴税款的纳税人怠于行使其权利对国家税款造成损失，有助于国家税款的及时足额缴纳。代位权是民法债法上传统的制度，国内的研究也比较成熟。而对税收代位权，由于我国税法规定的滞后性，国内尚无人对其进行比较系统的研究。

第九届全国人大常委会第二十一次会议审议通过的新修订的《税收征管法》第五十条规定了税务机关可以行使代位权。法律规定税收代位权的目的是为了保障税务机关的税款不致流失、确保国家税收收入。所谓税收代位权是指欠缴税款的纳税人怠于行使其到期债权而对国家税收即税收债权造成损害时，税务机关为保全国家税收不受损害，可以请求人民法院以自己的名义代替纳税人行使其债权的权力。我国《税收征管法》是在《合同法》规定的基础上，规定了税收代位权。最高人民法院《关于适用〈中华人民共和国合同法〉若干问题的解释（一）》（以下简称为《解释》）第十一条规定：债权人依照合同法第七十三条的规定提起代位权诉讼，应当符合下列条件：

（1）债权人对债务人的债权合法；

（2）债务人怠于行使其到期债权，对债权人造成损害；

（3）债务人的债权已经到期；

（4）债务人的债权不是专属于债务人自身的债权。

参照《合同法》规定和最高人民法院的司法解释，税务机关在行使税收代位权时，应当满足以下五个方面条件：

第一，税务机关与纳税人之间存在着合法的税收债权债务关系，即只有拥有合法税收债权的税务机关，才是行使税收代位权的合格主体。债权不合法，法律自然不予以保护。合法既包括实体上的合法，又包括程序上的合法。《税收征管法》第二十八条规定：税务机关依照法律、行政法规的规定征收税款，不得违反法律、行政法规的规定开征、停征、多征、少征、提前征收、延缓征收或者摊派税款。因此，税务机关只有在依法征税的前提下，才具有税收债权的合法性，这也就成了税务机关享有税收代位权的前提条件之一。

第二，纳税人必须有欠缴国家税款的事实。如果税务机关与纳税人之间不存在欠缴税款的事实，就不可能产生税务机关代位行使纳税人的债权的权利。只有欠缴税款才有行使税收代位权的必要。欠缴税款是指纳税人在税法规定的或税务机关核定的缴纳期限届满后，仍然没有履行纳税义务，即已过纳税期限而存在不缴或欠缴国家税款的事实。在这一点上，税收代位权与撤销权在行使条件上，有着明显区别。撤销权的行使必须是债务人放弃对第三人的债权，实施无偿或低价处分财产的行为而损害到债权人的债权，其目的在于保全将来的债务履行。因而，税务机关行使撤销权并不要求纳税人必须有欠缴国家税款的事实。但是代位权的行使则强调纳税人已过纳税期限仍不缴或少缴应纳税款这一必备条件。

第三，纳税人怠于行使其到期债权。首先，要求纳税人和其债务人之间存在着合法的债权，这是税务机关行使代位权的标的。无此合法的债权，代位权不能发生。其次，纳税人与其债务人之间的债权必须已到期。代位权针对的是债务人消极损害债权人的行为，此种行为只是使债务人应增加的财产未增加，在债权人对债务人债务未到期的情况下，债权人很难确定债务人是否具有足够的责任财产清偿债务。因此，税收代位权的行使必须以债权到期，债务人陷于迟延履行为必要条件。最后，还要求纳税人对到期债权怠于行使。关于怠于行使，《解释》第十三条做了如下界定：怠于行使是指债务人能够通过诉讼或仲裁的方式向其债务人主张权利，但一直未向其主张权利。这种规定使得对怠于行使的判断标准具有明确性和客观性，既有利于增强税务机关行使代位权的可能性，又有利于促使纳税人积极履行纳税义务。当纳税人不以诉讼方式或仲裁的方式向其债务人主张其享有的到期债权，并符合其他条件时，税务机关就可以行使税收代位权。

第四，纳税人怠于行使债权的行为已经对国家税收造成了损害。这一问题的核心在于如何判断是否对国家税收造成损害。在法国民法上，对债权造成损害以债务人陷于无资力为标准。在日本民法上，则不以债务人陷于无资力为必要。判例及学说认为，在不特定及金钱债权中，应以债权人是否陷于无资力为标准；而在特定债权及其他与债务人资力无关的债务中，则以有必要保全债权为条件。税收债权系金钱债权，应以陷于无资力为标准。《解释》第十三条对损害作出了如下明确的规定：合同法第七十三条规定"债务人怠于行使其到期债权，对债权人造成损害的，是指债务人不履行其对债权人的到期债权，又不以诉讼方式或者仲裁的方式向其债务人主张其享有的具有金钱给付内容的到期债权，致使债权人的到期债权未能实现"。关于这一条件的认定应以在"陷于无资力"标准的基础上采取《解释》规定的标准。

第五，税务机关代位行使的债权不是专属于纳税人自身的债权。根据《解释》第十二条规定，专属于债权人的权利包括：

（1）因人身权利被侵害而发生的损害赔偿请求权；

（2）基于身份关系而发生的财产请求权，如基于继承关系，抚养、赡养关系而发生的给付请求权；

（3）禁止让与的权利，如养老金请求权；

（4）禁止扣押的权利，如维持生存所需要的劳动收入请求权。据此，税务机关对于上述专属于纳税人自身的权利不得代位行使。

三、税收滞纳金的撤销权

税收撤销权，是指税务机关对欠缴税款的纳税人滥用财产处分权而对国家税收造成损害的行为，请求法院予以撤销的权利。它是税收法律关系与撤销权制度结合的产物。税收法律关系中的债务关系性质成为税法借鉴撤销权制度的理论基础，而撤销权制度的内容又丰富了税法的内容。我国九届全国人大常委会第二十一次会议审议通过的新修订的《税收征管法》规定了税收撤销权制度。这一制度的规定在我国税法上进一步确立了税收的公法之债的属性，揭示了税法与民法债法的密切关系，具有重大的理论价值。撤销权是民法债法上传统的制度，国内的研究也比较成熟。而对税收撤销权，由于我国税法规定的滞后性，国内尚无人对其进行比较系统的研究。

根据《税收征管法》的规定，税务机关可以依照《合同法》第七十四条的规定行使撤销权。《合同法》第七十四条规定："因债务人放弃其到期债权或者无偿转让财产，对债权人造成损害，并且受让人知道该情形的，债权人也可以请求人民法院撤销债务人的行为……"在这里，纳税人是债务人，税务机关就相当于债权人，可以请求人民法院撤销纳税人的行为。根据法律的规定，税务机关行使撤销权的方式是诉讼方式，而不是由税务机关的执法行为直接实现。这里需要讨论的问题是，这种诉讼是采用民事诉讼方式还是行政诉讼方式。我国现行的行政诉讼主要是审查行政机关做出的具体行政行为，相应地，法院做出的判决是对具体行政行为的维持、撤销、变更等。显然，在税收撤销权诉讼中，不存在具体行政行为这一审查对象。因此，我们认为，税收撤销权诉讼在总体上应该采用民事诉讼方式，而不采用行政诉讼方式。当然，税务机关的参与会使这种诉讼具有特殊性。具体的诉讼程序还有待于在实践中不断探索。须注意的是，这只是在我国现行诉讼体制下所做的选择。事实上，我们认为我国应从税务案件的特殊性出发，建立税务诉讼制度，这种诉讼和传统的民事诉讼、行政诉讼都有密切的联系，但又有其特殊性。这样，税收撤销权诉讼就可以归入税务诉讼当中。

《解释》对合同之债撤销权行使的诉讼程序做了规定。下文参照这一规定，对税收撤销权诉讼中的具体问题进行探讨。

（1）在管辖方面，《解释》规定，"债权人依照合同法第七十四条的规定提起撤销权诉讼的，由被告住所地人民法院管辖。"考虑到税务机关和纳税人的所在地并不一定在同一地方，从行政效率原则出发，税收撤销权诉讼应由税务机关所在地人民法院管辖。

（2）在级别管辖方面，为了诉讼的顺利进行，可以考虑由与税务机关同级的人民法院管辖。在诉讼参加人的确定方面，《解释》第二十五条规定，"债权人依照合同法第七十四条的规定提起撤销权诉讼时只以债务人为被告，未将受益人或者受让人列为第三人的，人民法院可以追加该受益人或者受让人为第三人。"这一规定表明，在合同之债撤销权诉讼中，债务人为被告人，受益人或者受让人为第三人。在税收撤销权诉讼中，也应如此。我们认为，在纳税人放弃到期债权和无偿转让财产的情况下，以纳税人作为被告，以受益人作为第三人；在以明显不合理低价转让财产的情况下，应将纳税人作为被告，将受让人作为第三人。须注意的是，税务机关就这一权利行使撤销权后，其他民事债权人和其他税务机关不得重复行使。

根据民法债法理论，在撤销债务人的行为以后，对某一债权人取回的财产或利益，应作为一般债权人的共同担保，一般债权人对这些财产应平等受偿。我们认为，在税收撤销权诉讼中，国家税款具有优先受偿的权利。理由是，税收是一种公法债权，和普通私法债权相比具有优先权。新的《税收征管法》规定了税收的优先权，税收优先于无担保债权，法律另有规定的除外。因此，纳税人应首先缴纳所欠税款，然后再对其他债权人进行清偿。税收撤销权的行使范围以保全税收债权为限。行使撤销权的费用由纳税人负担。税务机关依规定行使撤销权，并不免除欠缴税款的纳税人尚未履行的纳税义务和应承担的法律责任。税收撤销权的行使对纳税人的权利和交易秩序影响很大，因此，应该对税收撤销权的行使在时间上进行限制。在民法上，对撤销权的行使期间，有规定为除斥期间的，也有规定为消灭时效的。《合同法》第七十五条规定："撤销权自债权人知道或者应当知道撤销事由之日起一年内行使。自债务人的行为发生之日起五年内没有行使撤销权的，该撤销权消灭。"这表明，《合同法》对撤销权行使期限规定的是除斥期间。《税收征管法》并没有对税收撤销权的除斥期间做出规定，也没有准用《合同法》相关条款的规定。但这一除斥期间的规定对保护纳税人权利和稳定私法秩序颇为重要，还有待于今后立法的完善。

四、税收的优先权

所谓税收优先权，是指税款与其他债权并存时，税收有优先受偿权。税收优先权主要表现在以下三个方面：

第一，税务机关征收税款，税收优先于无担保债权，法律另有规定的除外。税收优先于无担保债权，是指纳税人发生纳税义务，又有其他应偿还的债务，而纳税人的未设置担保物权的财产，不足以同时缴纳税款又清偿其他债务的，纳税人未设置担保物权的财产应该首先用于缴纳税款。税务机关在征收税款时，可以优先于其他债权人取得纳税人未设置担保物权的财产。应注意的是，税收优先于无担保债权，但法律另有规定的除外，如在破产程序中，职工的工资属于债权，但考虑到职工基本生活的保障这一更高的人权宗旨，职工的工资优先于国家的税收而受到清偿。

第二，税收优先于发生在其后的抵押权、质权、留置权。税收优先于发生在其后的抵押权、质权、留置权，即纳税人欠缴的税款发生在纳税人以其财产设定抵押、质押或者纳税人的财产被留置之前的，税收应当先于抵押权、质权、留置权执行。税收优先于发生在其后的抵押权、质权、留置权的规定，包含两层含义：①税收优先于发生在其后的抵押权、质权，留置权，执行额度以纳税人应纳的税款为限，例如税务机关处置纳税人的抵押财产后，抵押财产的处置价值超过纳税人的应纳税额、滞纳金和必要的处置费用的，超出部分应该退还纳税人，纳税人抵押的财产价值不足以缴纳税款和滞纳金的，税务机关要求纳税人，以其他财产补足。②欠税的纳税人，可以以其财产设定抵押、质压，其财产也可能被留置，但是此时的抵押、质压等担保物权，不能影响税收，即根据税收优先的原则，对有欠税的纳税人，税务机关对其设置抵押、质压或被留置的财产，有优先处置权，以保障国家依法取得税收收入。

第三，税收优先于罚款、没收违法所得。纳税人在生产经营以及其他活动中，如果实施了违反行政管理法律、法规的行为，则有关的行政机关（例如工商、财政、劳动、公安等行政部门）可以依法予以罚款、没收违法所得等行政处罚。虽然罚款、没收违法所得也应上交国库，但为了保障国家税收收入，如果此时纳税人欠缴税款，则税款的征收应优先于罚款、没收违法所得。税收优先是国家征税的权利与其他债权同时存在时，税款的征收原则上应优先于其他债权，也称为"税收的一般优先权"。这是保障国家税收的一项重要原则。当纳税人财产不足以同时缴纳税款和偿付其他债权时，应依据法律的规定优先缴纳税款。

《2015 税征草案》规定，税收滞纳金与税收按比例分配一并征收，笔者认为税收滞纳金补偿顺位应该为：

（1）优先税款；

（2）税收滞纳金；

（3）税收罚款；

（4）税收利息。

笔者补偿顺位说与部分财税法学者"税款→税收滞纳金和税收利息→税收罚款"的顺位稍有不同。究其原因：

一是税收滞纳金和税款本身是两种性质不同、地位不同的国家债权。税款依据国家税收法律产生，具有完全的公益性和绝对的单方意志性。而税收滞纳金在《2015税征草案》之前属于补偿性和执行罚一体性的体现，故税款补偿第一顺位。

二是《2015税征草案》将税收利息制度从税收滞纳金制度中分拆出来，从补偿性和惩罚性的性质不同来看，具有惩罚性的税收滞纳金和税收罚款优先于与补偿性的税收利息，且因为税收滞纳金固定征收率、征收期限等几乎没有自由裁量权，而税收罚款从50%至5倍不同的罚款幅度，故税收滞纳金补偿第二顺位，税收罚款补偿第三顺位，而税收利息因补偿性排在最后。

三是补偿顺位关系区别于税收优先权制度，根据《税收征管法》第四十五条规定，既然税收罚款不享有债务优先权，那么同样作为惩罚性质的税收滞纳金也不应该拥有优先权利。对此，《最高人民法院关于税务机关就破产企业欠缴税款产生的税收滞纳金提起的债权确认之诉是否受理问题的批复》中提到，税收滞纳金属于普通破产债权，明确了税收滞纳金不具有税收优先权。而国家税务总局发文作为行政规范文件，要求税务机关在征收时，采用税款、税收滞纳金和税收利息配比征收的做法，片面强调国家税收债权的保护而忽视了税收债权中第三人利益保护的问题。税法援用民法权利，援用纳税担保、连带责任、第三人履行、代位权、抵销权和撤销权等债权法保护税款征收，别除了纳税人权利。为避免税务机关利用民法对征税权任意扩张，要在根本的立法权上对援用民法的路径做出规定。

第五章 税收滞纳金纳税担保

第一节 税收滞纳金纳税担保概述

一、纳税担保的概念和意义

纳税担保，又称租税担保或税法上的担保，我国也有学者称之为纳税保证。纳税担保是现代各国所普遍采用的适用于税收法律中的一项制度。根据《纳税担保试行办法》的规定，纳税担保是指经税务机关同意或确认，纳税人或其他自然人、法人、经济组织以保证、抵押、质押的方式，为纳税人应当缴纳的税款及滞纳金提供担保的行为。纳税担保人包括以保证方式为纳税人提供纳税担保的纳税保证人和其他以未设置或者未全部设置担保物权的财产为纳税人提供纳税担保的第三人。

如果纳税人被税务机关有根据认为有逃避纳税义务的行为，并限期缴纳税款的，则纳税人必须在税务机关规定的期限内缴纳应缴税款。如果纳税人被税务机关认为在规定的期限内有转移、隐匿其应纳税的商品、货物以及其他财产或者应纳税收入的迹象，纳税人必须按税务机关的规定提供纳税担保，包括向税务机关提供被税务机关认可的纳税担保人，或向税务机关提供自己所拥有的未设置抵押权的财产，以当作自己的纳税担保。税务机关只要认为有必要，可以对有偷、逃税款行为或迹象的纳税人，要求其提供纳税担保。纳税人必须履行依法提供纳税担保的义务。纳税人有下列情况之一的，适用纳税担保：

（1）税务机关有根据认为从事生产、经营的纳税人有逃避纳税义务行为，在规定的纳税期之前经责令其限期缴纳应纳税款，在限期内发现纳税人有明显的转移、隐匿其应纳税的商品、货物以及其他财产或者应纳税收入的迹象，责成纳税人提供纳税担保的；

（2）欠缴税款、滞纳金的纳税人或者其法定代表人需要出境的；

（3）纳税人同税务机关在纳税上发生争议而未缴清税款，需要申请行政复议的；

（4）税收法律、行政法规规定可以提供纳税担保的其他情形。

二、税收滞纳金纳税担保的性质

依据纳税担保发生的原因进行分类：

第一，实施税收保全措施之前的纳税担保，所谓税收保全，是指在税款缴库期期满之前由于纳税人的行为，致使国家税款有不能实现的危险时，税法规定的一系列保证国家税款及时足额缴纳的制度的总称。例如我国《税收征管法》第三十八条规定："税务机关有根据认为从事生产、经营的纳税人有逃避纳税义务的，可以在规定的纳税期之前，责令限期缴纳税款；在限期内发现纳税人有明显地转移、隐匿其应纳税的商品、货物以及其他财产或者应纳税的收入的迹象的，税务机关可以责成纳税人提供纳税担保。如果纳税人不能提供纳税担保，经县以上税务局（分局）局长批准，税务机关可以采取下列税收保全措施：……"

第二，出境纳税担保，出境纳税担保是指税务机关对于欠缴税款的纳税人或者他的法定代表人，在出境前须向税务机关提供担保，否则税务机关可以通知出入境管理机关阻止其出境。我国《税收征管法》第四十四条规定："欠缴税款的纳税人或者他的法定代表人需要出境的，应当在出境前向税务机关结清应纳税款、滞纳金或者提供担保。未结清税款、滞纳金，又不提供担保的，税务机关可以通知出境管理机关阻止其出境。"国家税务总局和公安部1996年联合颁布的《阻止欠税人出境实施办法》对阻止出境的对象做了进一步明确。

第三，发生纳税争议时适用的纳税担保，税收复议之纳税担保是指纳税人、扣缴义务人、纳税担保人在与税务行政机关发生税务争议时，可向税务机关提供相应担保，然后可以申请行政复议的一种纳税担保的制度。我国《税收征管法》第八十八条规定："纳税人、扣缴义务人、纳税担保人同税务机关在纳税上发生争议时，必须先依照税务机关的纳税决定缴纳或者解缴税款及滞纳金或者提供相应的担保，然后可以依法申请行政复议……"

第四，海关采取的纳税担保，指海关对进出口货物的纳税义务人，在规定的纳税期限内发现有明显的转移、藏匿其应税货物以及其他财产迹象而要求纳税义务人提供的担保。我国《中华人民共和国海关法》第六十一条规定"进出口货物的纳税义务人在规定的纳税期限内有明显的转移、藏匿其应税货物以及其他财产迹象的，海关可以责令纳税义务人提供担保"。

三、税收纳税担保的形式

第一，纳税人提供的并经主管国家税务机关认可的纳税担保人作纳税担保，纳税担保人必须是经主管国家税务机关认可的，在中国境内具有纳税担保能力的公民、法人或者其他经济组织。国家机关不能作为纳税担保人。

第二，纳税人以其所拥有的未设置抵押权的财产作纳税担保。

第三，纳税人预缴纳保证金。

第二节　保证担保

一、保证担保的概念和特征

保证担保是指保证人与贷款人约定，当借款人违约或者无力归还贷款，保证人按约定履行债务或承担责任的行为。具有代为清偿债务能力的法人及其他组织或公民（自然人）可以做保证人。办理保证人担保的，借款人须有三人以上保证人作为还贷保证。《中华人民共和国担保法》（以下简称《担保法》）第二十一条规定：保证担保的范围包括主债权及利息、违约金、损害赔偿金和实现债权的费用。

保证担保的范围就是指债务人不履行债务时请求保证人代为履行或负连带责任以及申请法院予以强制执行的范围。关于保证担保的债权范围，各国法律原则上并无限制。一般说来，除了一些有极强的人身特定性而不能由他人代替履行的债权外，其余的都是可成立保证担保的。与人身属性密切相关的特定债权虽不能成立保证，但由于这种债权发生的损害赔偿请求权，也可以成为保证担保的对象。从许多国家的民法规定以及有关判例实践来看，在保证合同没有具体的约定的情形下，保证所担保的债权与主债权的范围是一致的。有约定的，则从约定，此为确定保证之范围的基本原则。

保证担保的责任范围分为全部和部分两种。

1. 全部的保证担保责任范围

全部的保证担保责任范围完全与债成立时确定的债务人的责任范围一致。包括如下内容：

（1）主债权的全部。在保证合同中，如无具体的专门约定，应认为是担保主债权全部。

（2）利息。利息有法定和约定两种，凡是因主债权所生的利息，不管是法定的还是约定的，均应列为保证担保的对象。法定利息，如迟延履行所生利息（迟延利息），本来就是由主债权派生的，应属保证之列无疑；而约定利息及当事人另外约定的，虽也是从属于主债权的，但要适用前述限制性做法，亦只有在事先成立保证合同时直接约定的，方可计入保证担保的债权范围。当然，如约定利息显失公平或法律有专门限定的，则应做适当调整或依照法定。

（3）违约金。必须是就主债权所应付的违约金，才能予以保证担保。违约金虽说具有从属性，但有一定的独立性，需在主债权之外另定违约金合同或者另立独立的条款。因此，在适用保证担保时，与约定利息一样，采取限制性作法，也就是对于违约金的保证，应以保证合同与主债成立的同时约定为限。

（4）损害赔偿。由主债而生的损害赔偿之债，应当予以保证，在这种情况下，不论损害赔偿之债的发生是因为债务不履行还是迟延履行，只要归结到债务人头上的，保证人就有代为赔偿或连带赔偿责任的义务。

（5）其他从属于主债权的负担，如代理费用、公证费用、诉讼费用等原则上都是债权生出的负担，当列于保证范围之内。

2. 部分保证担保责任范围

部分保证担保责任范围则是由保证人与债权人具体商定，只就全部保证担保责任中的某一部分代债务人履行债务承担法律责任。由于我国保证人所承担的保证担保的法律责任原则上是连带责任，即与债务人连带地承担履行债务或赔偿损失的责任，因而其法律责任范围也就原则上是全部保证担保责任。只有保证人与债权人在明确的特别约定承担补偿性责任时，保证人所承担的法律责任范围才限于保证人与债权人之间明确约定的保证担保责任。所以，《最高人民法院关于贯彻执行〈中华人民共和国民法通则〉若干问题的意见（试行）》中明确规定："保证范围不明确的，推定保证人对全部主债务承担保证责任。"作为《担保法》所规定的五种担保方式之一，保证担保是唯一的人的担保，债权人应当依法行使担保权利，积极向保证人主张保证债权。根据《担保法》的规定，要实现保证债权利益，一般保证的债权人应在合同约定的保证期间和法律规定的保证期间内对债务人提起诉讼或仲裁；连带责任的保证人应在合同约定的保证期间内和法律规定的保证期间内要求保证人承担保证责任，否则保证人将免除保证责任。

（1）保证合同的诉讼时效。

诉讼时效是指权利人在法定期间内不行使权利，持续达到一定期间而致使其请求权消灭的法律事实。一般保证的债权人在保证期间届满前对债务人提起诉讼或者申请仲裁的，从判决或者仲裁裁决生效之日起，开始计算保证合同的诉讼时效，也就是说，当案件经过一审、二审最终发生法律效力时，应开始计算保证合同的诉讼时效。连带责任保证的债权人在保证期间届满前要求保证人承担保证责任的，从债权人要求保证人承担保证责任之日起，开始计算保证合同的诉讼时效，一般来说，应当从债权人要求保证人承担保证责任的书面通知送达之日的次日起开始计算保证合同的诉讼时效。一般保证中，主债务诉讼时效中断，保证债务诉讼时效不中断。一般保证和连带责任保证中，主债务诉讼时效中止的，保证债务的诉讼时效同时中止。

（2）保证债务的承担。

连带共同保证的债务人在主合同规定的债务履行期限满没有履行债务，债权人可以要求债务人履行债务，也可以要求任何一个保证人承担全部保证责任；连带共同保证的保证人承担保证责任后，债务人不能追偿的部分，由各连带保证人按其内部约定的比例分担；没有约定的，平均分担。

按份共同保证的保证人按照保证合同约定的保证份额承担保证责任。

最高额保证合同的不特定债权确定后，保证人应当对在最高债权额限度内就一定期间连续发生的债权余额承担保证责任。

一般保证的保证人在主债权履行期间届满后，向债权人提供了债务人可供执行财产的真实情况的，债权人放弃或者怠于行使权利致使该财产不能被执行，保证人可以请求人民法院在其提供可供执行财产的实际价值范围内免除保证责任。

第三人向债权人保证监督支付专款专用的，在履行了监督支付专款专用的义务后，不再承担责任。未尽监督义务造成资金流失的，应当对流失的资金承担补充赔偿责任。

保证人对债务人的注册资金提供保证的，债务人的实际投资与注册资金不符的，或者抽逃转移注册资金的，保证人在注册资金不足或者抽逃转移注册资金的范围内承担连带保证责任。

保证期间，债权人依法将主债权转让给第三人的，保证债权同时转让，保证人在原保证担保的范围内对受让人承担保证责任。但是，保证人与债权人事先约定仅对特定的债权人承担保证责任或者禁止债权转让的，保证人不再承担保证责任。

保证期间，债权人许可债务人转让部分债务未经保证人书面同意的，保证人对未经其同意转让部分的债务，不再承担保证责任。但是保证人仍应当对未转让部分的债务承担保证责任。

二、税收滞纳金保证人

保证人是指与债权人约定，为主合同债务提供担保，当债务人不能履行债务时，由其按照约定履行债务或者承担责任的一方当事人。保证合同是主债务合同的从合同，是由债权人和保证人来订立的，而不是债务人和保证人，因为保证人的保证义务对象是债权人，设定保证的目的是防止债务人不履行债务造成债权人的损失，从而使债权人的权利得到更为充分的保障。保证是以人的信誉和财产来提供担保，相对来说，保证这种担保方式的风险就比较大。

保证是以人的信用和财产来为主合同债务的实现提供担保的，它要求债务人不能履行债务时，由保证人代为履行债务或者承担责任，这就当然要求保证人必须有代为清偿债务的能力。但《最高人民法院关于适用〈中华人民共和国担保法〉若干问题的解释》第十四条规定，不具有完全代偿能力的法人、其他组织或者自然人，以保证人身份订立保证合同后，又以自己没有代偿能力要求免除保证责任的，人民法院不予支持。可见，代偿能力并不是担任保证人的必要条件，不具备代偿能力的保证人所签订的保证合同仍然有效，保证人仍应承担保证责任。

何况，代偿能力问题，法律中并没有规定具体的考查操作标准，在实践中债权人也难以确定保证人是否真正具有代偿能力，只能在签订具体的保证合同过程中凭其所获得的有保证人的资料来做出主观判断。而且，有可能保证人在订立保证合同时具备代偿能力这一条件，但借款期限及保证期间往往有较长的一段时间，在经过几年时间后，当债权人要求保证人承担保证责任时保证人已经没有代偿能力了。所以《担保法》中代为清偿债务能力这一规定实际上只起到警示债权人注意的作用，并无多大实际操作的功用。

可以作为保证人的法人、其他组织或者公民，依据《最高人民法院关于适用〈中华人民共和国担保法〉若干问题的解释》第十五条规定，其他组织主要包括：

（1）依法登记领取营业执照的独资企业、合伙企业；

（2）依法登记领取营业执照的联营企业；

（3）依法登记领取营业执照的中外合作经营企业；

（4）经民政部门核准登记的社会团体；

（5）经核准登记领取营业执照的乡镇、街道、村办企业。

据此规定，法人和其他组织的范围较为明确。而对于可以作为保证人的公民，依照《民法通则》规定，公民依据其民事行为能力不同，可分为无民事行为能力人、限制民事行为能力人、完全民事行为能力人，但在《担保法》及其司法解释中没有规定作为保证人的公民必须具有完全民事行为能力，是否无民事行为能力人和限制民事行为能力人也可以作为保证人为他人提供担保。法律既然无禁止性规定，则应理解为可以。

但对于无民事行为能力人和限制民事行为能力人应区别对待。保证是一种民事法律行为，这就要求行为人应具有相应的民事行为能力，且保证是一种单方的、义务性的合同，是代债务人履行债务或者承担责任的行为，如果公民不具备一定的民事行为能力，又如何为债务人履行债务或者承担责任。因此无民事行为能力人是绝对不能担任保证人的，因为无民事行为能力人的识别能力和判断能力法律均不予认可。对于限制民事行为能力人作为保证人与他人订立保证合同的，可以依照《合同法》第四十七条规定的效力待定合同的规定来处理，即限制民事行为能力人订立的保证合同，经法定代理人追认后，该合同有效。因为"行为能力限制制度在保护限制民事行为能力人静态安全的同时维护了交易安全，符合民法的公平原则"。而《担保法》中应规定具有完全民事行为能力的公民担任保证人为前提。

保证人首先必须是排除主合同中债权人和债务人以外的第三人，因为保证人是为了在债务人不能履行债务时，代为履行债务或承担责任而设定的，它仅要求提供人的担保，而无须像抵押等其他担保方式要有具体的物、权利或者金钱才能提供担保，所以这种人的担保方式就要由债务人以外的第三人提供，否则将会失去保证的意义。

但在司法实践中，有的自然人向金融机构贷款，由其个人投资经营的、属个体性质的经营部等私有单位来提供担保。根据《民法通则》的规定，个体工商户、农村承包经营户不具有法人资格，仍属自然人的性质。由个人经营的，以其个人所有的全部财产承担对外债务。由家庭经营的，以家庭所有的全部财产承担对外债务。可见贷款人与保证人系同一自然人，这种保证实际上系自贷自保，这就有悖于法律的规定，使得保证的作用难以真正发挥，不利于实现债权人的权益。

这其中固然有借款人为借出款项而投机取巧的因素，但作为债权人的金融机构也是有一定责任的，它在贷出款项时没有严格审查保证人的主体资格，没有要求保证人提供营业执照，而仅以保证人在保证合同上盖章、签字即成立保证。金融机构的信贷人员为了贷出款项，要求借款人必须按法律或银行内部规定提供保证人，只注重了有保证人这一形式要件，而不问保证人的实质要件，缺乏严格履行审核义务，不管保证人到底是法人还是其他组织，到底有无工商登记、有无主体资格，贷款人对这种情形的出现都有不可推卸的责任。我国《担保法》及其司法解释均没有规定债权人的审核责任，而依据《合同法》来看，作为合同的一方当事人的金融机构违反了注意义务，应依照过错责任原则承担相应的民事责任。故笔者认为在《担保法》或其司法解释中应明确规定贷款方即金融机构的审核责任及其相应的责罚，以警醒金融机构的信贷人员严格履行审核保证人资格的责任，避免贷出的款项无法收回，最终避免国有资产遭受不必要的损失。

三、保证合同性质及处理

保证合同是指保证人和债权人达成的明确相互权利义务，当债务人不履行债务时，由保证人承担代为履行或连带责任的协议。保证合同主要包括以下几种情况：

一是保证人与债权人订约作为保证合同成立的典型形式；

二是保证人与债权人、主债务人共同订立合同；

三是保证人单独出具保证书。

从立法以及法理学说上来看，保证合同应具有以下法律上的特征：

1. 有名合同和无名合同

根据在法律上有无法定名称及内容，将合同分为有名合同与无名合同。保证合同是一种有名合同，即由法律直接规定其名称及内容的合同。法国、德国、日本对此在民法上都有明确规定，我国的《担保法》对于保证合同的名称和内容也做了明确规定。在现实的经济生活中，合同内容错综复杂，立法上不可能一一穷尽，全部予以定名，只能按一种标准，对常见的合同关系做出规定，明确合同的名称和当事人的主要权利、义务关系的内容。这类在法律上有了明确规定的合同便为有名合同，如买卖、租赁、借贷、加工承揽、运输、保险等合同都属于有名合同。另外在一些单行法，如在我国的《中华人民共和国经济合同法》《中华人民共和国担保法》中，规定了一些更为具体的有名合同，不过这些都是民法规定的具体化，一般没有新的原则突破。无名合同指有名合同以外的合同，即法律上没有规定其名称及内容的合同。如甲乙约定，只要乙学习勤奋，考上大学，甲便负担乙在上学期间的一切费用。无名合同的内容只要不违法，同样具有法律效力。区分有名合同和无名合同的意义，在于处理合同纠纷时便于适用法律，有利于法律实务工作者解决纠纷。有名合同的纠纷应按法律的直接规定来处理，而无名合同纠纷的处理则可参照类似的有名合同或者根据有关合同的规定和民法的基本原则处理。

2. 主合同和从合同

根据有无主从关系，合同可分为主合同与从合同。不以他种合同为存在的前提，能自身独立存在的合同为主合同；必须以他种合同为前提的合同为从合同。保证关系是从属于主债关系而存在的，保证合同也因而具有从属性，是从属于主合同而存在的。

3. 双务合同和单务合同

根据双方权利义务有无关联性，可将合同分为双务合同与单务合同。当事人双方都承担一定义务的合同，叫作双务合同。在双务合同中，当事人的权利与其义务是相互关联的，有权利必担义务，有义务也必享有权利。而单务合同则是当事人一方只承担义务不享有权利，另一方只享有权利而无须承担义务的合同，权利义务并没有关联性。保证合同便是保证人一方承担保证义务而不享有权利，主债权人只享有权利而无须承担义务的合同。保证合同是单务合同。由于合同主要是反映商品交换关系的，所以大多数合同都是双务合同，只有极少数不以商品交换为内容的合同是单务合同。保证是一种担保债权实现的合同，本质上不追求经济利益，唯以担保为目的，因而是一种较为典型的单务合同。

4. 有偿合同和无偿合同

根据合同的权利有无对价的特性，可将合同分为有偿合同与无偿合同。有偿合同是指享有权利必须偿付相应的代价的合同，如获取货物必须支付货款的买卖合同，使用他人财产须交付租金的租赁合同等。享有权利而不必偿付相应代价的合同，如赠与、借用、无息贷款等。保证合同是无偿合同，也即债权人享有保证请求权，而不必向保证人偿付代价。这是就一般情况来说的，但在实际生活中，保证人也可能获得一定的好处。这主要是因为保证人提供保证，使债权债务关系得以顺利建立，故订立保证合同的同时，债务人出于感激和友善心理可能给予保证人一定的酬金或其他好处。但这是属于合同效力以外的问题，不属于保证合同关系的内容，因而并不影响保证合同的无偿性。

5. 诺成合同和实践合同

根据合同的成立是否须以交付标的物为要件的标准，可将合同分为诺成合同和实践合同。诺成合同是当事人双方就合同必要条款经协商达成一致时即成立的合同。除当事人经协商达成一致外，还需要交付标的物才能成立的合同，称为实践合同，或称为要物合同。诺成合同有多种，如买卖、租赁、加工承揽等，其特点在于不要求事先交付标的物，而仅意思表示达成一致即告成立。这是由这些合同的本质和目的决定的。其标的物的交付往往标志着合同的履行或完成，所以不可能作为成立时的条件要求。实践合同也有不少，如运输、保管等，除有协议外，一般还要交付运送物、保管物，否则合同就不能成立。保证合同是一种担保之债，属于比较典型的诺成性合同。其成立无须担保人交付财产，只要双方当事人意思表示一致，合同就告成立。可见，保证合同是诺成合同。

6. 附条件的合同和不附条件的合同

根据合同有无一定条件作为其效力发生或消灭的依据，合同可分为附条件的合同和不附条件的合同。附条件合同的所附条件实际上反映着当事人的动机和目的。这里所说的条件有停止条件和解除条件两类。停止条件是指在条件未出现时，合同的效力处于停止或静止状态；解除条件是指条件出现时，合同效力随即解除。保证合同是一种附停止条件的合同，这个条件就是债务人不履行债务。当债务人届期不如约履行债务时，即条件出现时，保证合同始发生实际效力。而在正常情况下，也就是债务人如期履行债务，即条件没有出现时，保证合同的效力则处于停止或"待发"状态。在这种情形下，虽然保证合同中的权利和义务已经确定，但债权人尚不能对保证人行使保证请求权，保证人也不必履行他所承担的代为履行义务或负连带赔偿责任。只有在债务人不履行债务的条件成就时，其间的权利义务才发生具体的法律效力，所以保证合同普遍被认为是附停止条件的合同。

四、保证的方式

保证分为连带责任保证和一般保证责任两种形式。

连带责任保证是指保证人与债务人对主债务承担连带责任的保证。连带保证仍具有一般保证的从属性。连带保证仍以主债务的成立和存续为其存在的必要条件。连带保证不具有补充性。连带保证人与债务人负连带责任，债权人可先向保证人要求其履行保证义务，而无论主债务人的财产是否能够清偿。当事人对保证方式没有约定或者约定不明确的，按照连带责任保证承担保证责任。我国法律规定没有约定或约定不明，则为连带责任保证。

成立一般保证则要特殊约定，这在事实上加重了保证人的责任。保证期间是指保证责任的存续期间，连带保证责任也不例外。如果在保证期间内，债权人依法向连带责任保证人请求承担保证责任，保证人不得拒绝，这就是连带责任保证中，保证期间效力的积极方面。那么如果在保证期间内债权人没有要求保证人承担保证责任，则保证人免除保证责任，这是连带责任保证中，保证期间的消极效力。

连带责任保证的特点在于：

第一，连带责任保证是由保证人与主债权人在保证合同中约定和法律推定的保证方式。作为保证方式的一种，当事人应当在保证合同中明确约定连带责任保证方式。但我国《担保法》规定，如果保证人与保证权人对连带责任保证和一般保证没有做出约定或者约定不明确的，推定为连带责任保证。

第二，由保证人与主债务人对主合同债务承担连带责任。这意味着保证人与主债务人对主合同债务均负有全部清偿的责任。

第三，主债务人在债务履行期届满没有履行债务时由保证人承担保证责任。在连带责任保证的情况下，一旦主债务人到期不履行主合同债务，债权人既可以要求主债务人清偿债务，也可以要求保证人承担保证责任。

一般保证责任是指当债务人不能履行债务时，由保证人承担保证责任，因此一般保证的保证人在主合同纠纷未经审判或者仲裁，并就债务人财产依法强制执行仍不能履行债务前，对债权人可以拒绝承担保证责任。连带责任保证是指保证人与债务人对债务承担连带责任，当债务人在主合同规定的债务履行期届满没有履行债务的，债权人可以要求债务人履行债务，也可以要求保证人在其保证范围内承担保证责任。保证合同中一般都明确写明保证人承担的是一般保证还是连带责任保证，但如果没有约定或约定不明的，按照连带责任保证承担保证责任（在《担保法》生效之前即 1995 年 10 月 1 日前，被认定为一般保证责任）。保证合同中如明确约定保证人在债务人不能履行债务时始承担保证责任的，视为一般保证；如明确约定保证人在被保证人不履行债务时承担保证责任，且根据当事人订立合同的本意推定不出为一般保证的，视为连带责任保证。

五、保证的期间和范围

保证期间的界定与保证期间的定性，一直是学界中非常有争议的问题，而如何界定其定义与保证期间的定性密切相关。故准确界定保证期间的含义是非常重要的，它直接关系到保证期间的定性和正确适用。然究竟何谓保证期间？笔者认为，所谓保证期间就是指保证合同当事人的约定或依法律推定在主债务履行期届满后，保证人能够容许债权人主张权利的最长期限。在保证期间中，债权人应当向债务人提起诉讼或仲裁（在一般保证中）或向保证人（在连带保证中）主张权利。逾此期限，债权人未提起上述主张的，保证人则不承担保证责任。可见，保证期间构成债权人请求保证人承担保证责任的保证权利消灭的法律后果。

第一，保证期间原则上由保证合同的当事人自由约定。"从合同关系自身来讲，合同及其法律所保护的是当事人之间的信赖与期待，实现意思自治的理念"，这同样适用于保证合同。《担保法》第十五条把"保证期间"的约定作为保证合同的一个基本条款；当合同没有确定或确定不明确时，按合同漏洞的补充原则由法律加以补正。

第二，保证期间是债权人应当主张权利的期间。在该期间内保证人未主张权利的，保证人则免除责任。因此，本质上，保证期间是一项旨在维护保证人利益的制度。

第三，债权人主张权利的对象及方式因保证方式不同而有所不同。在我国保证制度中，存在一般保证和连带保证两种形式。但因保证形式不同，要求主债权在保证期间应主张权利的对象和方式有所不同。连带保证中，债权人应在保证期间向保证人提起权利要求，而在一般保证中，权利主张的对象是主债务人，方式仅限于诉讼或仲裁，这是由一般保证的自身性质即保证人所享有的先诉抗辩权所决定的。

第四，从法律后果来看，保证期间的经过具有消灭债权人的权利的法律效果，但其效果取决于在该保证期间内，债权人是否对主债务人或保证人主张权利。一方面，若债权人未主张权利的，则保证人逾期则免除保证责任。另一方面，在债权人按上述对象和方式主张权利的，保证人也未必一定承担保证责任。如在一般保证中，若主债务人在主债权人提起诉讼后完全适当地履行了主债务，则保证人不承担责任；若主债务人未完全适当地履行了主债务，即便保证期间已结束，保证人也仍然承担保证债务。

有些学者认为保证期间，亦称保证责任期限，是保证人承担保证责任的起讫期间。虽然此后半句"保证责任期限，是保证人承担保证责任的起讫期间"不容置疑，但前半句把保证期间和保证责任期间画上等号，此种提法值得商榷。对于保证责任有两种不同范围的理解：

第一，广义的保证责任，即在保证合同成立时立即产生，保证人于主债务人届期不履行债务时须承担的以自己的财产代债务人清偿债务的法律后果，因此在实际保证债务产生前就存在，即所谓的"无债务之责任"。

第二，狭义的保证责任，即保证债务，在主债务届履行期（连带责任中）或主债务人财产经强制履行仍未果（一般保证中）才产生。因而，保证责任期限也存在广义保证责任期限和狭义保证责任期限之分。然而，保证期间既不同于广义的保证责任期限也不同于狭义的保证责任期限。

首先，从字面上理解，保证责任期限，顾名思义就是保证责任存在的期限，只要存在保证责任就有保证责任期限的存续。可见，保证责任期限起始于保证责任的产生，并随保证责任的消失而终止。广义的保证责任期限是自保证合同成立之时起算。虽然在连带保证中，保证债务期限的起算点与保证期间的起算点是一致的，均从主债务的履行期限届满时开始，但按照《担保法》第二十五条的规定"一般保证的保证人与债权人未约定保证期间的，保证期间为主债务履行期届满之日起六个月。在合同约定的保证期间和前款规定的保证期间，债权人未对债务人提起诉讼或者申请仲裁的，保证人免除保证责任；债权人已提起诉讼或者申请仲裁的，保证期间适用诉讼时效中断的规定。"即在一般保证中，保证人的保证债务只有在主债务履行期届满，在约定的期间或法律推定的期间（保证期间）内积极主张权利（只能是诉讼权利）而得不到履行时开始。而且，在保证期间内债权人向主债务人提起诉讼或仲裁的（一般保证中）或向保证人主张（连带保证中）保证债权，则保证期间因此而早于约定的期间提前结束，但保证责任期限并不因此而结束。即使超过保证期间，保证人仍然可能承担责任。例如一般保证合同中当事人约定保证期间为主债务履行期届满后一年，债权人因主债务人在主合同履行期 10 个月内仍未能履行，遂向法院提起诉讼，此时保证期间终止，而保证人开始承担保证债务是在胜诉后经法院强制执行仍未果之时。其次，《担保法》舍弃了在其之前适用的"保证责任期限"的概念，而以"保证期间"来取而代之，不能说没有理由。无疑，这是立法技术的一个进步。立法上尚且抛弃"保证责任期限"的概念，学术界又何必抱残守缺？再次，混淆这两个概念容易模糊了保证期间与保证债务的诉讼时效的界限。保证责任期限实际上从保证责任产生之时算起直至保证债务得到履行或诉讼时效届满，其中狭义的保证责任期限与保证债务的诉讼时效应是重合的。而一般保证债务的诉讼时效自保证期间届满之后才开始计算。因而区分保证期间与保证责任期限有利于明确保证债务的诉讼时效。最后，混淆这两个概念容易使人将保证期间误认为诉讼时效。由于保证责任期限与保证债务的诉讼时效存在紧密的联系，将保证期间混谈为保证责任期限的结果可能导致保证期间与诉讼时效的混淆。当前关于保证期间的性质的争议不能说与此没有关系。综上所述，保证期间与保证责任期限显然不是一个概念。前者是根据当事人的约定或法律的推定，债权人应当向主债务人或保证人主张权利的期间；而后者是保证人承担保证责任的起讫期间。

六、税收滞纳金保证的效力

　　担保效力是指担保成立后所发生的法律后果。担保的成立与担保合同的成立有联系，但也有区别。

首先，担保的成立并不完全以担保合同发生为准，有的可因法律直接规定的条件发生，有的可因当事人一方的意思表示即单方的法律行为而发生。

其次，即使依担保合同设立的担保，有的除有担保合同外还须有其他要件担保才能成立。例如，质权担保须由质权人占有质押财产才能成立，不动产抵押权担保经登记才能成立。

因此，在一般情况下，只有担保合同有效，担保才能成立，但担保的成立与担保合同的有效并不为一回事。担保的效力是多方面的，但其主要包括两方面：

其一是在担保人与担保权人之间的效力，这是担保的基本效力，属于担保的内部关系。

其二是在担保人与被担保人、担保权人与被担保人之间的效力，这是担保的附随效力，属于担保的外部关系。一般说来，担保的效力可通过以下三方面来说明。

（1）担保对于担保权人的效力，担保对于担保权人的效力主要就是担保权人取得担保权。担保权是为担保主权利而存在的从权利。担保权人享有担保权，因而其在一定条件下，可以行使担保权，以保障其债权受偿。当然，由于担保权的标的不同，担保权人行使担保权，以保障其债权受偿的方式和程序，也有所不同。例如，对人的担保，在一定条件下，担保权人得直接请求担保人清偿；而对物的担保，担保权人一般是在一定的条件下从担保物的价值优先受偿。因担保权为担保权人享有的权利，因此，只要不损害公共利益和第三人的利益，担保权人有权处分自己的权利，得放弃其担保权。担保权人享有的担保权的性质因担保方式的不同而不同。对人的担保和非典型物的担保、金钱担保，担保权仅具有债权的性质，为相对性权利，一般不具有对抗第三人的效力。而对典型物的担保，担保权为物权，一般具有对抗第三人效力。

（2）担保对于担保人的效力，担保对于担保人的效力主要表现为担保人负有担保债权实现的义务。担保义务是指在一定条件下，以一定方式清偿担保权人的债权的义务。担保义务又称为担保责任。担保人的担保责任，在不同的担保中，表现不同。例如，对人的担保，担保责任为一种人的责任，即担保人在一定条件下须以自己的财产向担保权人清偿其债权；而对物的担保，担保责任为物的责任，即担保人须以其提供的担保财产的价值清偿担保权人的债权。担保责任可以为有限责任，也可以为无限责任。所谓有限责任，是指担保人仅需在一定的范围内负清偿责任，而非担保担保权人债权的全部。所谓无限责任，是指担保人担保担保权人债权的全部，须对担保权人的全部债权负清偿责任。担保责任的具体范围，得由担保人与担保权人约定，但若无相反的约定，担保人承担的担保责任为无限责任，而在物的担保则以担保财产的价值为限度。担保人担保义务的履行是有条件的。一般情形下，只有在被担保人不履行到期债务时，担保人才承担担保责任。若被担保人履行了债务，担保权人的债权已受清偿，则担保人的担保责任消灭。因此，担保人的担保责任以主债务人债务的存在和债务人不履行债务为条件。若主债务人的债务不存在或者债务人履行了债务，担保人的担保责任也就不会发生。《最高人民法院关于适用〈中华人民共和国担保法〉若干问题的解释》第十条规定："主合同解除后，担保人对债务人应当承担的民事责任仍应承担担保责任。但是，担保合同另有约定的除外。"我们认为，因主合同的解除情形不同，担保人于主合同解除时承担担保责任的情形也不同。除担保合同另有约定的外，若主合同双方合意解除合同的，当事人之间的债权债务基于当事人双方的合意而更新，如未经担保人同意，担保人不应再承担担保责任；若主合同因债务人违约，债权人行使法定解除权而解除，则担保人仍应承担担保责任。

（3）担保对被担保人的效力，担保对于被担保人的效力主要有两点。其一，担保并不减轻或者削弱被担保人的义务。担保以确保债权实现为目的，是对主债权的效力的加强和补充，因而于担保成立后，被担保人即主债务人的债务并不会因担保的设定而减轻或削弱，被担保人仍应向债权人履行自己的债务。其二，在一定条件下，负有向担保人返还的义务。担保人为保证人的，在债务人不履行债务，其向担保权人承担担保责任后，有权向被担保人追偿。因此，被担保人在担保人承担担保责任后，负有向担保人偿还的义务。担保人向其行使求偿权时，被担保人应就担保人代其清偿的债权额向担保人偿还。

第三节　保证金保证

一、税收滞纳金保证金概述

保证金是指买方或卖方按照交易市场规定标准交纳的资金，专门用于订单交易的结算和履约保证。保证金的是维持交易续存所要求存入的流动资金。保证金是一种高效的机制，即个人可以从经纪账户中借款，但是在借款的时候，个人需要在账户中存入足够的流动资金，以保证个人能够承担潜在的负债风险。持有期权的空头是有很大风险的。购买期权的下跌风险导致的损失最多只是起始的期权费,而获利是无限的。期权卖方的上方风险是有限的,但损失可能非常严重。基于这个原因,为了防止不利结果发生时期权空方违约,负责登记和处理的结算公司坚持由期权的空头缴纳一定的保证金存款。对于期权的交易双方,结算公司均充当了交易对手的角色。

二、保证金种类及适用

保证金分为结算准备金和交易保证金。

结算准备金是指由结算会员依金融期货交易所的规定缴存的,用于应对结算会员违约风险的共同担保资金。

交易保证金是指交易市场为了确保买方或卖方按其持有的合同履约而按一定标准暂扣的资金,是已被合同占用的保证金。买卖双方签订电子合同时,买方交付的分期货款和定金,卖方交付的一定数额与买方等额的价款均为交易保证金,即合同履约金。招投标项目中经常会涉及履约保证金,履约保证金有以下特点:

第一,招标人必须在招标文件中明确规定中标单位提交履约保证金时,此项条款方为有效,如果在招标书中没有明确规定,在中标后不得追加。这就维护了招标中要约的真实性和投标人的权益,工程招标人可以根据自身的条件选择对该项工程是否投标。因此,履约保证金具有选择性。

第二,履约保证金不同于定金,履约保证金的目的是担保承包商完全履行合同,主要担保工期和质量符合合同的约定。承包商顺利履行完自己的义务,招标人必须全额返还承包商。履约保证金的功能,在于承包商违约时,赔偿招标人的损失,也在于如果承包商违约,将丧失收回履约保证金的权利,且并不以此为限。如果约定了双倍返还或具有定金独特属性的内容,符合定金法则的,则是定金;如果没有出现"定金"字样,也没有明确约定适用定金性质的处罚之类的约定,已经交纳的履约保证金,就不是定金,而是其他金钱性质。约定了履约保证金却又没有交纳的,关于履约保证金的约定成立但不发生法律效力(因为,质押合同也是实践性合同,必须以交付为生效条件)。

第三,履约保证金强调的是保证招标方的利益或投资者的利益,这种保证既可由中标的承建商承担,也可由第三方承担,但须招标方认可方为有效,由此产生第三方承担连带责任,因此具有替代性。当中标人违约时,中标人的赔偿责任由第三方承担。为了平衡招标方和中标方的利益,《工程建设项目施工招标投标办法》第六十二条规定:"招标人要求中标人提交履约保证金或其他形式的履约担保的,招标人应当同时向中标人提供工程款支付担保。"

第四，履约保证金的比例是有规定的，其比例为工程造价的 5% ~ 10%，具体执行比例由招标方根据工程造价情况确定，一般情况是工程造价越高比例应该越低，因此具有相对的固定性。招标人不能漫天要价，必须符合法律的规定。

　　第五，履约保证金必须游离在工程造价之外，只作为中标方违约时招标方损失的补偿，招标人必须是具备招标能力的法人，其建设资金已经到位，不能把履约保证金作为工程造价的补充。因此，履约保证金具有独立性，必须由双方认可的机构负责收缴、储存、执行和返还。

第六章　税收滞纳金的确认与核定

第一节　确认与核定的基本知识

一、税收滞纳金确认的概念

税收滞纳金产生于"税收处理决定书"规定的纳税期限届满之日，就未缴纳的税款按照每日千分之五的征收率征收。可见，税收滞纳金的计算包含三个要素，分别是欠缴税额的确定、税收滞纳金的征收率和征税期间。税收滞纳金的计算需要明确以下概念：

欠税税额如何确定，《2015税征草案》第六章设置了"税额确认"专章，税收滞纳金的欠缴税额确认可以参照条款：

首先，欠税的税种应该是包括税法现行规定的18个税种，包含增值税、消费税、个人所得税和企业所得税在内，并未包含教育费附加、防洪资金、文化建设费、残疾人保障基金等依法由税务机关代征的费用。

其次，税额的计算以纳税人申报为准，实践中，企业所得税和土地增值税为预缴申报，按照《国家税务总局关于企业未按期预缴所得税加收滞纳金问题的批复》，预缴的税款需要汇算清缴规定期限届满时止。所有的申报遵从"信赖主义原则"，除非税务机关认为需要核定，且在5年内提出异议的，否则视为真实有效的税额。最后，另税收滞纳金额核定机制，取决于欠缴税款金额的核定。因滞纳金征收率和税收滞纳金期间的起算、中止和终止统一。《2015税征草案》第五十条规定，纳税人有下列情形之一①的，税额的确认采

---

① 情形分别是依照法律、行政法规的规定可以不设置账簿的；依照法律、行政法规的规定应当设置但未设置账簿的；擅自销毁账簿或者拒不提供纳税资料的；虽设置账簿，但账目混乱或者成本资料、收入凭证、费用凭证残缺不全，难以查账的；发生纳税义务，未按照规定的期限办理纳税申报，经税务机关责令限期申报，逾期仍不申报的；纳税人申报的计税依据明显偏低，又无正当理由的；未按照规定办理税务登记从事生产、经营的；使用的财务会计软件不能准确核算或者无法按照税务机关要求提供相关数据的。

用核定的方式。另外，探讨税收滞纳金计算中的节假日问题，笔者认为借鉴民法关于诉讼期限计算的规定，税收滞纳金缴纳当日为节假日的，则顺延节假日的次日起加收滞纳金。

二、确认与核定的适用条件

全额核定税额是指对纳税人的全部营业额进行核定，包括未开票营业额和开票营业额，纳税人核定定额内购票不征税，购票没有超过定额的，当月应购未购发票在次月作废。

第一，《税收征管法》是税收征收管理基本法律，主要包括税务管理、税款征收、税务检查、法律责任等主要内容。其中税款征收是税收征管活动的中心环节，也是纳税人履行纳税义务的体现。税款征收的主要形式分为查账征收、核定征收、定期定额征收、查验征收、委托代征等。本书主要探讨的是定期定额征收，核心是税额核定，其适用对象为个体工商户。

第二，由于个体工商户经营过程中的不确定、不稳定因素，其在生产经营过程的收入成本费用等不能准确提供和核算，不能建立账簿，因此税务机关只能按双定户管理。征收的税额以税务机关核定的税额为准。税收征管实践证明，绝大多数个体工商户习惯核定税额，不愿建账，即使有账也是流水账，不能作为计税依据，只能作为参考。另外，个体工商户的经营稳定性难以保障，生意兴隆的话维持时间长，生意不景气便废业走人。所以开、废业频率高，走逃等形式的非正常户频频发生。由此产生核定的税额欠缴现象也是屡屡存在。

第三，从事个体经营活动的各类业户，在经营过程中，经常采用现金交易，以货易货，抵押转让等交易手段，既不建账又不计账，税务机关无法实行查账征收。为使这部分应征税款能够及时足额入库，根据《个体工商户税收定期定额征收管理办法》的规定和其经营情况，对这样的个体工商户核定其税额，实施定期定额征收。所以，无账不能准确计算查实的个体工商户适宜这种定期定额征收方式。目前税务机关核定税额的方法主要有以下四种：

（1）参照当地同类行业或者类似行业中，经营规模和收入水平相近的纳税人的收入额和利润率核定；

（2）按照成本加合理费用和利润的方法核定；

（3）按照耗用的原材料、燃料、动力等推算或者测算核定；

（4）按照其他合理的方法核定。

采用以上任意一种方法不足以正确核定应纳税额时，可以同时采用两种以上的方法核定。纳税人对税务机关采取规定的方法核定的应纳税额有异议的，应当提供相关证据，经税务机关认定后，调整应纳税额。

税务机关应当根据定期定额户的经营规模、经营区域、经营内容、行业特点、管理水平等因素核定定额，可以采用下列一种或两种以上的方法核定：

（1）按照耗用的原材料、燃料、动力等推算或者测算核定；

（2）按照成本加合理的费用和利润的方法核定；

（3）按照盘点库存情况推算或者测算核定；

（4）按照发票和相关凭据核定；

（5）按照银行经营账户资金往来情况测算核定；

（6）参照同类行业或类似行业中同规模、同区域纳税人的生产、经营情况核定；

（7）按照其他合理方法核定。定额执行期最长不得超过1年，继续经营的纳税人，定额执行期结束后按照上述规定重新核定下一个定额执行期的定额。

第二节　税收滞纳金的确认

一、税额欠缴的确认制度

对于异常情况下的税额确认，《2015税征草案》第四十九条规定的"第一次税额确认"和第五十四条规定的"第二次税额确认"。

首次税额确认情形分别是：存在计税依据不实的、纳税前认为义务人有逃避缴纳预期的、未办理税务登记的、合并分立和解散的。

第二次税额确认的情形有：提供不真实数据致使申报不实的、税法新规定设计调整的。

二、征收率

税收滞纳金计算的征收率确认，《2015税征草案》第六十七条规定税收滞纳金征收率为每日千分之五，且不存在减少比例或者加重征收比例的情形。

三、计征期间

税收滞纳金计算中的期间的确认，计算起始时间按照"税收处理决定书"规定的限期缴纳税款期限届满之日起算，关于中止时间《税收征管法》未予明确规定，笔者比照行政强制法及其他相关法律法规，整理了"中止期间"的内容。

第三节　税收滞纳金的核定

一、核定的前提

核定征收是指由于纳税人的会计账簿不健全，资料残缺难以查账，或者因其他原因难以确定纳税人应纳税额时，税务机关采用合理的方法依法核定纳税人应纳税款的一种征收方式。核定征收可以适用企业所得税、营业税、增值税等多个税种。

二、核定的方法

第一，对一个企业来说，虽然采用什么样的征收方式是由税务局决定的，但一般情况是：会计机构和会计核算体系健全，能够正确核算应交税金，提供纳税资料的企业，即可确定为"查账征收"，反之，只能确定为"核定征收"。

第二，核定征收是税务所按照一定的比例，根据销售额来征收企业所得税的。所以如果公司的年利润是负数，那么采取"核定征收"也是要缴纳所得税的。查账征收就是按照净利润来算的，如果利润是负数，就不需缴纳所得税。

第七章　税收滞纳金的预约裁定

第一节　预约裁定概述

一、预约裁定适用

税收滞纳金制度适用税收的预约裁定。依据《税收征管法》条文对于预约裁定制度的解释①，作为行政合同的预约裁定制度，应该具有三个方面的保障内容：

首先是纳税义务人申请的平等性；

其次是纳税义务人拥有保密权；

最后纳税义务人依照预约裁定，在遭遇行政合同行政优益权侵害时，如何适用行政复议、行政诉讼或者是民事诉讼，纳税义务人应当享有自由设定权。

由上述分析可知，税收滞纳金预约裁定制度，法律性质不同，预约裁定文件的拘束力存在差异，纳税人救济的方式亦有区别。

二、预约裁定性质

关于预约裁定行为的性质，目前理论界学说不一，性质学说的差异造成了税收滞纳金法律适用和权利救济效果的不同。国家税务总局税收科学研究所黄立新教授认为，税收预约裁定不是税务部门提供的纳税服务，而是税收行政执法的范畴，故将其归纳为行政行为；江西财经大学席卫群教授等在其论著中赞同税收预约裁定为"纳税服务"说。笔者认为，税收滞纳金预约裁定制度为"税收契约"适用行政合同规制较为妥当，原因有以下三点：

---

① 预约裁定应为纳税人对其预期未来发生、有重要影响的特殊复杂涉税事项，难以直接适用税法制度进行核算和计税时，向税务机关申请指导的行为。

一是预约裁定是事先裁定，它是对未发生的税务事项进行应纳何种税、如何纳税、如何计算的书面文件。首先，行政行为不对未发生的事项进行裁决，故不具有行政强制性；其次，若未来事项未发生或者纳税人未选择预约的交易安排，税务预约裁定不发生效力；最后，行政行为具有税务机关自力执行力，预约裁定只有纳税义务人选择进行预约的交易时才对其发生法律约束力，否则只对税务机关有约束力。

二是税收预约裁定具有行政免责功能和行政救济途径，并且按照国际财税协会（IFA）对预约裁定的定义，预约裁定具有限制性效力。从行政免责、行政救济和限制性效力三个因素看，预约裁定不属于税务机关"纳税服务"的范畴。

三是从行政合同的特征分析税收预约裁定，应属于"税收契约"。预约裁定的当事人必有一方是行政主体、预约裁定的目的是保障国家税收的公益目的、预约裁定具有行政的优益性（税务机关对合同的履行具有监督权、变更权和解除权，造成纳税人损失的，纳税人免除税款的缴纳），预约裁定享有行政救济权利受行政法调整。

三、预约裁定的原则

《2015 税征草案》第四十六条规定纳税人遵从"预约裁定"而出现未缴或者少缴税款的，免除缴纳责任。故税收的预约裁定效果可以造成税收滞纳金的免征效果。

1. 坚持税法的严肃性，综合运用各项税收法律法规

首先，当企业提请预约税务鉴定，税务部门要坚持依法治税，做到有法可依，有法必依，执法必严，违法必究，这就为企业的税收筹划以及税务鉴定本身提供了一个良好的法律环境。

其次，准确理解和把握企业的经营情况，综合运用税收政策，对特殊企业或特殊经营情况，合理运用自由裁量权，寻找最佳结合点，提高鉴定的准确性、合理性和权威性。

2. 坚持正常交易原则

鉴于目前提请预约税务鉴定的企业大多数为跨国企业，而跨国企业的经营又涉及大量关联交易，因此确定关联企业转让定价的原则也必须成为在对跨国企业进行预约税务鉴定时的重要原则。按照经济合作与发展组织（OECD）的定义，正常交易原则是指在商品及劳务在关联企业间进行转移的情况下，提供了与公开市场的运作最为近似的状态。尽管它并非总可以在实践中直接加以应

用，但按此原则得出的跨国企业集团成员间的适度收入水平，通常可以为税务当局所接受，因此，正常交易原则被公认为是转让定价的立法基石，当企业就关联交易提请预约税务鉴定时也必然成为一项根本的处理原则。

3. 确定可比性原则

前面已经提到，做好跨国企业关联交易的预约税务鉴定工作与处理关联企业转让定价有着千丝万缕的联系，转让定价原则对这时的预约税务鉴定同样有效。提到转让定价，就不能不提到可比性原则。从我国现有转让定价立法水平和解释水平来看，我们对可比性的认识尚很肤浅。从国际经验看，正常交易原则的应用，通常是以受控交易中的条件与独立企业之间交易中的条件进行比较为基础，所以说，可比性分析在各类转让定价调整方法中至关重要。所谓可比，根据 OECD 准则中的明确说法，是指在进行比较的情况之间存在的任何差异，都不应对该方法所审查的条件造成实质性影响，或可进行合理的精确调整来消除这些差异所造成的影响。在确定其可比程度以及所需进行的调整时，相关机构必须了解非关联企业是如何对潜在交易进行评价的。

4. 确保税收政策的可执行性和与相关法律法规的协调

由于预约税务鉴定的"预约"性，也就是在经营行为发生之前的事前鉴定，提高鉴定可操作性也就成为考查鉴定是否有效的重要标准。做到这一点，无非有三条途径：

一是尽量详细地了解企业的经营方式和经营目标，以减少由于前提条件的不明确导致的误鉴定；

二是尽量细化企业的经营流程，明确各个可能的操作环节，以锁定企业可能遇到的税务问题，减少鉴定的不确定因素；

三是加强与海关、外汇等部门政策的协调，遇到进出口税收问题时，从政府职能方面来看各部门是独立的，但企业遇到的问题可能面面俱到，无法轻易区分或割裂，如果将问题仅局限于一个角度，又会影响企业预约鉴定的准确性。

第二节　预约裁定的程序

一、预约裁定的申请

一种是带有可行性研究性质的税务咨询，如果得到的税务处理意见与企业理解的不一致，使企业的预计利润无法达到目标水平，这时的预约税务处理将有可能影响一项投资或经营决策；另一种是纯粹的税务鉴定，当企业已做出某项投资或经营决策，但对其可能引起的纳税义务划分不清时，在纳税义务发生之前向税务部门提请审定，预先明确该行为或收入是否为应税行为、适用哪些税种以及适用税率，等等。

二、预约裁定产生的原因

1. 我国税收政策规定完善和不断强化的征管力度，是企业提请预约税务鉴定的背景

据统计，1989—2001 年我国的税收弹性系数为 1.03，显示出税收收入与 GDP 之间的高度相关性。从另一个角度看，应收尽收，也说明了税收政策的合理性和税收征管的有效性。就征管模式来看，从 1988—1994 年的以征、管、查 "两分离" "三分离" 为标志的税收征管改革摸索阶段；到 1994—1998 年建立 "以申报纳税和优化服务为基础，以计算机网络为依托，集中征收、重点稽查" 税收征管模式的提高阶段；再到 1998 年以来以实施 "金税工程" 二期和开发应用全国统一征管主体软件（CTAIS）为标志的税收信息化带动税收征管规范化的新阶段，我国的税收征管体制在改革和创新中不断发展，征管力度日益增强。以涉及面最为广泛的个人所得税为例，从 1993 年到 2001 年，年平均增幅高达 47.5%，年均增收 118 亿元，大大高于同时期经济增长速度和税收收入增长速度，是同一时期增长最快的税种。以上数据表明，当前的税收环境是在税收政策不断细化的前提下加强了税收征收管理，偷漏税难度越来越大，对企业合法、规范经营的约束加大，这是企业预约纳税鉴定的产生背景和主要原因之一。

2. 提请预约税务鉴定企业群体的存在和扩大，是企业合法规范经营、严格内控制度的表现

税收筹划的观念已被广泛接受，但是税收筹划所蕴含的风险还不为大多数企业认识。企业进行税收筹划，达到节约成本、实现利润最大化的目标，所要求的内部治理结构和财务内控制度是非常高的。这里所谓的风险，即税收筹划活动因各种原因失败而付出的代价，主要包括三个方面的内容：

一是不依法纳税的风险，即企业日常的纳税核算从表面或局部的角度看是按规定去操作了，但是由于对有关税收政策的精神把握不准，造成事实上的偷税，从而受到税务处罚。

二是企业对有关税收优惠政策的运用和执行不到位的风险。

三是在系统性税收筹划过程中，企业对税收政策的整体性把握不够，形成

税收筹划风险。为防范税收筹划风险，达到节约成本的目标，企业无疑需要树立风险意识，立足于事先防范，及时地、系统地学习税收政策，准确理解和把握税收政策的内涵，同时，企业也必须加强与税务部门的联系，确认对税收政策的理解，并充分了解税务征管的具体要求。由此可以看出，提请预约税务鉴定的企业，至少已认识到税收筹划的风险，而税收筹划的有效进行又是建立在比较完善的内控制度之上，以此逻辑推理，企业预约税务鉴定，在一般情况下说明其自身具备了比较完善的内控制度。企业预约税务鉴定，一般情况下说明自身具备了比较完善的内控制度，这一点在实践中也可以得到印证。

3. 做好对企业的预约税务鉴定工作，符合国际税收惯例

本文提出的预约税务鉴定与早在 1995 年经合组织就开始讨论的"预约定价安排"（advance pricing amngement，APA）相同之处在于，两者均是就企业的纳税事项做出事先的安排；不同之处在于，预约定价制度主要针对关联企业的转让定价，旨在受控交易发生之前，就一定期间内的交易的转让定价问题确定一套适当的标准、调整和重要假设的安排。而预约税务鉴定则不局限于关联企业，也不仅仅在确定转让定价时使用，后者可使用的范围更广，所涉及的税务问题种类更多。1999 年，经合组织发布了关于预先定价安排的《转让定价指南》，预约定价制度开始为越来越多的国家税务当局接受，作为解决跨国纳税问题的方法之一。这一国际惯例的形成，也预示着在当前及今后的税收征收及管理中，充分协商必然成为解决税务争端的主流。国与国如此，政府与企业也一样。如果说听证制度、行政复议等制度的完善是事后协调的话，那么预约税务鉴定就是征税当局与纳税人之间的事先协调。而做好对企业的预约税务鉴定工作，也是涵养税源、促进经济发展的需要。否则，政府一方面在完善税收环境，另一方面又始终使税收工作处于事后征收的被动局面，这种各自为政的格局，最终不利于税收收入和经济的同步增长。

第三节　预约裁定救济

一、行政复议

行政复议是指公民、法人或者其他组织（管理相对人），认为行政机关的具体行政行为侵害其合法权益，依法向有复议权的行政机关申请复议，受理申请的复议机关依照法定程序对引起争议的具体行政行为进行审查并做出裁决的活动。它不仅是行政机关内部上级对下级进行监督的重要方式，而且是一种对

管理相对人合法权益提供保障的行政救济方法。行政复议有以下四个特点：

（1）提出行政复议的人，必须是认为行政机关行使职权的行为侵犯其合法权益的法人和其他组织。

（2）当事人提出行政复议，必须是在行政机关已经做出行政决定之后。如果行政机关尚未做出决定，则不存在复议问题。复议的任务是解决行政争议，而不是解决民事或其他争议。

（3）当事人对行政机关的行政决定不服，只能按法律规定，向有行政复议权的行政机关申请复议。

（4）行政复议，以书面审查为主，以不调解为原则。行政复议的结论做出后，即具有法律效力。只要法律未规定复议决定为终局裁决的，当事人对复议决定不服的，仍可以按行政诉讼法的规定，向人民法院提请诉讼。

二、行政诉讼

行政诉讼是解决行政争议的一项重要法律制度。它是指公民、法人或其他组织认为国家行政机关及工作人员的具体行政行为侵犯其合法权益时，依法向人民法院提起诉讼，并由人民法院对具体行政行为是否合法进行审查并进行裁判的活动和制度。其具体包括以下含义：行政诉讼是解决行政争议的活动；行政诉讼是人民法院运用国家审判权解决行政争议的活动；行政诉讼的原、被告具有恒定性；行政诉讼的核心是对具体行政行为的合法性进行审查；行政诉讼的根本目的是通过司法权对行政权的监督，确保行政机关依法行政，保障相对人的合法权益。行政诉讼具有以下主要特征：

（1）行政诉讼的原告只能是行政管理相对人；

（2）行政诉讼的被告只能是做出具体行政行为的行政机关（包括法律授权的其他组织）；

（3）行政诉讼的客体是公民、法人或其他组织认为侵犯其合法权益的具体行政行为；

（4）行政诉讼的主管机关只能是人民法院。

行政诉讼的特有原则：

（1）选择复议原则；

（2）具体行政行为不因诉讼而停止执行原则；

（3）被告负举证责任原则；

（4）不适用调解；

（5）审查具体行政行为的合法性原则；

（6）司法变更权有限原则。

行政诉讼的基本原则有：

（1）人民法院依法独立审判原则。《中华人民共和国行政诉讼法》（以下简称《行政诉讼法》）第四条的规定："人民法院依法对行政案件独立行使审判权，不受行政机关、社会团体和个人的干涉。"行政诉讼法的上述规定，确立了人民法院对行政案件的依法独立行使审判权的原则。这一规定，也是《中华人民共和国宪法》第一百二十六条、《中华人民共和国人民法院组织法》第四条有关规定在行政诉讼中的具体化，行政诉讼活动必须遵循。

（2）以事实为根据，以法律为准绳。《行政诉讼法》第五条规定："人民法院审理行政案件，以事实为根据，以法律为准绳"。这一原则要求人民法院在审理行政案件过程中，要查明案件事实真相，以法律为准绳，做出公正的裁判。

（3）对具体行政行为合法性审查原则。《行政诉讼法》第六条规定："人民法院审理行政案件，对行政行为是否合法进行审查。"由此确立人民法院通过行政审判对具体行政行为进行合法性审查的特有原则，简称合法性审查原则或司法审查原则。合法性审查包括程序意义上的审查和实体意义上的审查两层含义。程序意义上的合法性审查，是指人民法院依法受理行政案件，有权对被诉具体行政行为是否合法进行审理并做出裁判。实体意义上的审查，是指人民法院只对具体行政行为是否合法进行审查，不审查抽象行政行为，一般也不对具体行政行为是否合理进行审查。就是说，这是一种有限的审查。

（4）当事人法律地位平等原则。《行政诉讼法》第八条规定："当事人在行政诉讼中的法律地位平等"。这一规定是法律面前，人人平等的社会主义法制原则，在行政诉讼中的具体体现。在行政诉讼的双方当事人中，一方是行政主体，它在行政管理活动中代表国家行使行政权力，处于管理者的主导地位；另一方是公民、法人或者其他组织，他们在行政管理活动中处于被管理者的地位。两者之间的关系是管理者与被管理者之间从属性行政管理关系。但是，双方发生行政争议依法进入行政诉讼程序后，他们之间就由原来的从属性行政管理关系，转变为平等的行政诉讼关系，成为行政诉讼的双方当事人，在整个诉讼过程中，原告与被告的诉讼法律地位是平等的。

（5）使用民族语文文字进行诉讼的原则。《行政诉讼法》第九条规定："各民族公民都有用本民族语言、文字进行行政诉讼的权利。在少数民族聚居或者多民族共同居住的地区，人民法院应当用当地民族通用的语言、文字进行审理和发布法律文书。人民法院应对不通晓当地民族通用语言、文字的诉讼参与人提供翻译。"中国的三大诉讼法都把使用本民族语言文字进行诉讼作为基本原则予以规定。

（6）辩论原则。《行政诉讼法》第十条规定："当事人在行政诉讼中有权进行辩论。"所谓辩论，是指当事人在法院主持下，就案件的事实和争议的问题，充分陈述各自的主张和意见，互相进行反驳的答辩，以维护自己的合法权益。辩论原则具体体现了行政诉讼当事人在诉讼中平等的法律地位，是现代民主诉讼制度的象征。

（7）合议、回避、公开审判和两审终审原则。《行政诉讼法》第七条规定："人民法院审理行政案件，依法实行合议、回避、公开审判和两审终审制度。"《行政诉讼法》第七章又将这一规定具体化，使之成为行政审判中的四项基本制度。

（8）人民检察院实行法律监督原则。《行政诉讼法》第十一条规定："人民检察院有权对行政诉讼实行法律监督。"人民检察院在行政诉讼中的法律监督，主要体现在对人民法院做出的错误的生效裁判，可以依法提出抗诉。

第八章　税收滞纳金征管

第一节　税收滞纳金的履行

一、提前履行

税收提前履行是指清偿期届满之前，税收债务人自愿放弃期限利益主动提前履行的制度。分为法定的税收提前履行①、审批的税收提前履行②和税款的任意提前履行。基于税收法律主义任意税收提前履行应当不被允许。税收滞纳金在纳税决定期限届满后，税款未清缴之前，不能停止计算，税收滞纳金无法提前履行，并且根据补偿顺位原则，税收滞纳金的提前履行不符合纳税人利益保护，为了防范行政权力的滥用，税收滞纳金的提前履行亦应当禁止。

二、延期履行

税收滞纳金的延期履行不同于税收延期履行制度，税收延期履行是对于被批准的欠缴税款给予一定期限的缓交并免除税收滞纳金的征收。而税收滞纳金的延期履行是指企业缴纳金额不足以按照"赔偿顺位"全部履行税款、税收罚款和税收滞纳金的情况下，对于未予缴纳的税收滞纳金的欠缴能否给予延期的制度。按照《税收征管法》第三十一条和《中华人民共和国税收征收管理法实施细则》第四十一条的规定③并未明确税收滞纳金逾期缴纳制度的设计。

---

① 企业所得税的月度或者季度预缴，年度多退少补，次年的5月31日再实行汇算清缴。

② 《税收征管法》在税款开征之前纳税义务人预期逃避缴纳的，提前征收税款或者要求提供纳税担保。

③ 纳税人有下列情形之一的，属于税收征管法第三十一条所称特殊困难：因不可抗力，导致纳税人发生较大损失，正常生产经营活动受到较大影响的；当期货币资金在扣除应付职工工资、社会保险费后，不足以缴纳税款的。计划单列市国家税务局、地方税务局可以参照税收征管法第三十一条第二款的批准权限，审批纳税人延期缴纳税款。

现行国税总局关于赔偿顺位的规范文件支持税收与税收滞纳金"配比征收"原则，未清缴的税款和滞纳金同比率变动，即税收滞纳金不适用延期履行制度。笔者认为按照北京大学刘剑文教授观点"先偿还税款，然后才是税收滞纳金和税收罚款"的学理观点（国税总局规范文件和著名学者学说严格意义均属于学理解释），税收滞纳金的单独欠缴完全可能存在。因此，笔者认为税收滞纳金的延期履行区别于税收延期履行。

一是税收滞纳金延期履行审批权限应低于税收延期审批权限，因为省级税务机关审批程序繁杂，人力成本和时间成本较高，无论是税务人员或者纳税人均可能放弃权利而默许使得税收滞纳金成为长期清欠；

二是税收滞纳金延期履行申请条件应当明确，特别是《2015税征草案》将滞纳金从每日万分之五提高至千分之五，税收滞纳金的欠缴金额将会是一笔较大的金额。原来适用税收延期的"货币结存"标准漏洞较大，可以设定"财务报表"标准代替。

三是税收滞纳金延期履行不能成为"死欠"的变形。探讨税收滞纳金的延期履行制度表现在建立税收机关权力和责任统一机制，防止通过连续的延期履行申请，将缓交变成不缴。可以建立首负责任制、延期担保、纳税等级评定和税收30日欠缴的行政刑罚制度。

三、分期履行

税收滞纳金分期履行制度根据《2015税征草案》第四十三条①规定，税收分期履行制度能够降低企业资金压力，提高税收债务人偿债能力和缴纳积极性，另外，税务机关分期履行也是实现税收整体安全的有效措施，因此被广泛适用。从现行税收征管法立法来看，税收之债的分期履行或者分阶段履行分为三种情况：

（1）法定分期履行；

（2）审批分期履行；

（3）任意分期履行。

税收滞纳金作为税务机关基于纳税人税款欠缴而做出的税收处理决定期限届满，产生税款催促的制度，分期履行这一民法制度可以提供有益借鉴。

一是是否适用税收征管法法定分期履行制度。从当前税法规定看，法定的

---

① 规定纳税人补缴税款数额较大难以一次性缴清的，经县以上税务局（分局）局长批准，可以分期缴纳，但最长不得超过一年。

税款分期履行并不被禁止，表现在房产税和车船税按年分期缴纳。税收滞纳金法无明文规定分期履行的当然适用，故笔者认为税收滞纳金不属于法定分期；

二是需要审批的分期。《2015税征草案》第四十三条"补缴税款数额较大难以一次缴清的"和《税收征管法》第三十一条规定符合"特殊困难"的，分别规定了需审批的税款分期和税款延期履行（延期履行是分期履行的变换形式）。税收滞纳金作为税款征收的附随义务，征收率较高，符合数额较大且缴清困难或者符合特殊困难条件也是可分期的。

三是税收滞纳金于税款分期协议或者分阶段履行协议达成时终止计算（若违反分期履行协议通过执行纳税担保获得税款的征收也不再借由税收滞纳金催促履行），税款分期履行协议之前，存在的税收滞纳金不能适用任意分期履行①。

第二节　税收滞纳金权利救济

一、税收滞纳金听证

税收滞纳金听证制度的实施困境在于税收滞纳金处分为大量反复的行政处分，若均需事先听取当事人意见，将使税收行政效率降低从而使税收行政缺乏可行性。税务行政处罚听证是税务机关做出重大行政处罚决定之前，在税务机关派出专门人员或者机构的主持下，由直接参与案件调查取证的税务人员或部门为一方，被认为违法的当事人为一方，有关证人等共同参加，由税务人员提出当事人违法的事实、证据和行政处罚建议，当事人进行申辩和质证，以进一步澄清事实。税务行政处罚听证有如下条件：

（1）税务机关对公民做出2 000元以上（含本数）罚款或者对法人或其他组织做出1万元以上（含本数）罚款的行政处罚之前，向当事人送达"税务行政处罚事项告知书"，告知当事人已经查明的违法事实、证据、行政处罚的法律依据和拟将给予的行政处罚，并告知其有要求举行听证的权利。

（2）当事人应当在"税务行政处罚事项告知书"送达后3日内向税务机关书面提出听证要求。逾期不提出的，视为放弃听证权利。对应当进行听证的

---

① 首先，税收滞纳金制度基于税收法定主义原则，只有法律规定的情况才能许可，税收滞纳金未规定任意分期，不能突破限制。其次，民法之债分期以信用为前提，其目的是通过分期保障债权的整体实现，税收滞纳金的分期履行是基于申请且提供纳税担保的分期履行。

案件，税务机关不组织听证，行政处罚决定不能成立；当事人放弃听证权利或者被正当取消听证权利的除外。

组织听证的机关，做出行政处罚的税务机关依法组织听证，由税务机关的负责人指定的非本案调查机构的人员主持，当事人、本案调查人员及其他有关人员参加。听证时限，税务机关应当在接到当事人听证要求后15日内举行听证，并在举行听证的7日前将"税务行政处罚听证通知书"送达当事人，通知当事人举行听证的时间、地点、听证主持人的姓名及有关事项。当事人由于不可抗力或者其他特殊情况而耽误提出延长听证期限的，在障碍消除后5日内，可以申请延长期限。

申请是否准许，由组织听证的税务机关决定。

（1）当事人提出听证后，税务机关发现自己拟做的行政处罚决定对事实认定有错误或者偏差，决定予以改变的，应及时向当事人说明。

（2）听证应公开进行，涉及国家秘密、商业秘密，或者个人隐私的除外。对公开听证的案件，应先期公告当事人和本案调查人员的姓名、案由和听证的时间、地点。

（3）当事人可以亲自参加听证，也可以委托1~2人代理。当事人委托代理人参加听证的，应当向其代理人出具代理委托书。代理委托书应当注明有关事项，并经税务机关或者听证主持人审核确认。

（4）当事人认为听证主持人与本案有直接利害关系的，有权申请回避。回避申请，应当在举行听证的3日前向税务机关提出，并说明理由。听证主持人的回避，由组织听证的税务机关负责人决定。对驳回申请回避的决定，当事人可以申请复核一次。

（5）在听证过程中，当事人或者其代理人可以就本案调查人员所指控的事实及相关问题进行申辩和质证，并有最后陈述的权利。

（6）听证过程中，当事人或者其代理人可以申请对有关证据进行重新核实，或者提出延期听证；是否准许，由听证主持人或者税务机关做出决定。

（7）听证的全部活动，应当由记录员写成笔录，经听证主持人审阅并由听政主持人和记录员签名后封卷，上交税务机关负责人审阅。听证笔录应交当事人或其代理人、本案调查人员、证人及其他有关人员阅读或向他们宣读，他们认为有遗漏或者有差错的，可以请求补充或改正。他们在承认没有错误后，应当签字或者盖章。拒绝签名或者盖章的，记明情况附卷。

二、税收滞纳金和解

税收滞纳金和解程序由《2015税征草案》规定，税收滞纳金由于特殊困难原因造成不足缴纳的，向税务机关提出书面申请，达成分阶段执行协议，纳税义务人主动采取补救措施，可以减免。可见税收机关与纳税人和解拥有"依审批的和解制度"。行政和解是指监管机构在执法过程中可以按照法律规定的条件与程序，通过与案件当事人协商达成和解，使其主动交出不当所得甚至付出更大代价，并将该资金直接用于补偿投资者所受损失。行政和解的制度设计主要包括两个方面的内容。一方面，合理确立行政和解金补偿机制，最大限度弥补投资者损失；另一方面，严格限定适用行政和解案件的范围，建立全面的权力约束机制。

行政和解的核心价值在于，通过行政执法程序的专项制度安排，使投资者获得比通过民事赔偿程序更为及时、便捷、直接的经济补偿。同时，让违法者付出必要的经济代价和成本，惩罚和制裁违法者，从而实现行政执法维护市场秩序的整体目标。行政和解制度着重强化补偿功能，要求监管机构在综合考虑投资者损失、行政相对人所获收益等因素，合理确定行政和解金额度。同时简化申请程序，提高补偿效率。行政和解定位于补充性执法方式，严格限制适用范围。对于依法应当予以行政处罚的案件，及涉嫌犯罪依法应移送司法机关处理的案件，一律不得适用行政和解。

行政诉讼和解与民事诉讼和解区别在于行政案件的特殊性。在我国，完整意义上的诉讼和解制度仅指有法官介入情况下的诉讼和解。行政案件的双方当事人是纵向法律关系的主体地位，相比民事案件法院对行政案件的和解具有更高的参与度。同时行政诉讼和解与民事诉讼和解一样都不具有法律约束力。

第三节　税收滞纳金补偿顺位

一、税款征收与缴纳的基本要求

税款征收制度是指税务机关按照税法规定将纳税人应纳的税款收缴入库的法定制度。它是税收征收管理的中心环节，直接关系到国家税收能及时、足额入库。

1. 税款征收的基本要求

税款征收的基本要求，《税收征管法》在第五条中明确规定，"国务院税务部门主管全国税收征收管理工作。各地国家税务局和地方税务局应当按照国务院规定的税收征收管理范围分别进行征收管理"，并且该法在第三章中做出了具体的规定。根据《税收征管法》及其《税收征收管理法实施细则》的规定，税务机关在办理税款征收业务时，必须严格按照以下要求进行：

（1）税务机关应当依照法律、行政法规的规定征收税款，不得违反法律、行政法规的规定开征、停征、多征、少征、提前征收、延缓征收或者摊派税款。

（2）扣缴义务人依照法律、行政法规的规定履行代扣、代收税款的义务。对法律、行政法规没有规定负有代扣、代收税款义务的单位和个人，税务机关不得要求其履行代扣、代收税款义务。对依法负有代扣代缴、代收代缴义务的扣缴义务人，税务机关应按照规定付给其手续费。

（3）税务机关征收税款时，必须给纳税人开具完税凭证。扣缴义务人代扣、代缴税款时，纳税人要求扣款义务人开具代扣、代收税款凭证的，扣缴义务人应当给纳税人开具完税凭证。完税凭证的式样，由国家税务总局制定。

（4）国家税务局和地方税务局应当按照国家规定的征收管理范围和税款入库预算级次，将征收的税款缴入国库。

2. 税款缴纳的基本要求

《税收征管法》在第四条中明确规定，"纳税人、扣缴义务人必须依照法律、行政法规的规定缴纳税款、代扣代缴、代收代缴税款"，并在第三章中做出了详细的规定。其中最基本的要求是：

（1）纳税人、扣缴义务人应当按照法律、行政法规的规定或者税务机关依照法律、行政法规的规定确定的期限，缴纳或者解缴税款。未按规定期限缴纳税款或者解缴税款的，税务机关除责令限期缴纳外，应从滞纳税款之日起，按日加收滞纳税款万分之五的滞纳金。

（2）纳税人在合并、分立情形的，应当向税务机关报告，并依法缴清税款。纳税人合并时未缴清税款的，应当由合并后的纳税人继续履行未履行的纳税义务；纳税人分立时未缴清税款的，分立后的纳税人对未履行的纳税义务应当承担连带责任。

（3）欠缴税款数额较大的纳税人在处分其不动产或者大额资产之前，应当向税务机关报告。欠缴税款的纳税人因怠于行使到期债权，或者放弃到期债权，或者无偿转让财产，或者以明显不合理的低价转让财产而让人知道该情形，对国家税收造成损害的，税务机关可以依照《合同法》第七十三条、第七十四条的规定行使代位权、撤销权。

（4）纳税人与其关联企业之间的业务往来，应当按照独立企业之间的业务往来收取或者支付价款、费用；不按照独立企业之间的业务往来收取或者支付价款、费用，而减少其应纳税的收入或者所得额的，税务机关有权进行合理调整。

二、税收滞纳金

滞纳金是对不按纳税期限缴纳税款的纳税人,按滞纳天数加收一定比例滞纳税款的款项,它是税务机关对逾期缴纳税款的纳税人给予经济制裁的一种措施。纳税人、扣缴义务人未能按规定的期限缴纳或解缴税款的,税务机关除责令限期缴纳外,还要从滞纳之日起,按日加收滞纳税款千分之五的滞纳金。

三、税收罚款

税收罚款是税务机关对违反国家税法和税务管理制度的纳税人所强制征收的一定数量货币,这是对违反税收有关规定纳税人的一种经济制裁措施。如根据我国税收征收管理法的规定,对纳税人偷税的,除了由税务机关追缴其不缴或者少缴的税款、滞纳金以外,并处不缴或者少缴的税款 50% 以上、5 倍以下的罚款。税收罚款与税收罚金都是对纳税人和扣缴义务人因违犯税收法律、法规而依法强制处以其一定数量金钱的处罚和制裁。但两者却是截然不同的法律概念。税收罚金是人民法院判决已构成税务犯罪行为的纳税人,扣缴义务人一种财产罚的刑事处分。这种罚金是一种附加刑,是一种刑罚。税收罚款则是税务机关依照一定的权限,对违反税收法律、法规但不够刑事处分或免于刑事处分的纳税人、扣缴义务人实行的一种财产罚的行政处罚。

第九章　税收滞纳金制度的问题及成因

第一节　税收滞纳金的问题

一、税收滞纳金问题的提出

税收滞纳金是指纳税人未按照规定期限缴纳税款的，税务机关除责令限期缴纳外，从滞纳税款之日起，按日加收滞纳款的金额。本书税收滞纳金的研究从以下几个案例引出。

（一）税收滞纳金起算期限与确认——广州德发房地产建设公司诉广州市地方税务局案

2009 年广州市税务稽查局根据《税收征管法》第三十五条及《税收征收管理法实施细则》第四十七条的规定，对广州德发公司于 2004 年的委托拍卖合同进行价格核定，做出税务处理决定：①应补缴营业税 867.11 万元，加收税收滞纳金 280.51 万元；②应补缴堤围防护费 15.60 万元，加收相应的税收滞纳金 4.86 万元。德发公司不服，向广州中级人民法院提起上诉。

此案税收滞纳金逾 285 万元，创下税收滞纳金诉讼案件之最。《税收征管法》第三十五条规定："纳税人有下列情形之一的，税务机关有权核定其应纳税额"。双方争议的焦点在"追征税收滞纳金的合法性问题：包含税款的追征期限，税收滞纳金加收的认定条件中有无纳税人自身计算错误或者故意偷税、漏税及抗税的行为。"该案从合法性的角度看，税收滞纳金加收从税款应缴而未缴期日开始算起。但是从合理性的角度来看，此做法值得商榷，面对

"无恶意欠税"① 情况，征收 280 余万元高额税收滞纳金符合立法的本意吗？

（二）税收滞纳金与行政滞纳金界限——中交第二公路工程局诉国家税务总局林州市税务局案②

上诉人（原审原告）中交第二公路工程局诉林州市税务局做出的强制执行行为违法，认为被诉强制执行书决定执行的税收滞纳金 108.68 万元，税收滞纳金 123.89 万元，违反了《中华人民共和国行政强制法》（以下简称《行政强制法》）的规定；其次上诉人认为其与第三人约定不承担缴税义务，故税务局对中交公司的税收征收决定违反事实认定。终审法院认为，税收滞纳金是被执行的行政决定的内容，并不是执行阶段另行采取的行政处罚手段，不受《行政强制法》第四十五条的限制。争论焦点之一是《行政强制法》第四十五条的规定：加处罚款或者滞纳金的数额不得超出金钱给付义务的数额。该加处滞纳金是行政机关对不履行行政决定的当事人采取的惩罚性强制执行手段，而税收滞纳金是《税务事项通知书》的执行罚，并非行政处罚性质，故不受强制法第四十五条规定的限制③。本金 108 万元，5 年滞纳，税收滞纳金达 123 万元，如此高额的税收滞纳金与税收滞纳金制度为催促纳税人尽快履行纳税义务的立法本意相去甚远，可能会导致"新的违法"发生。

（三）税收滞纳金暂缓征收与减免的适用标准——广东韶关盈锦置业诉仁化地方税务局税务行政管理案

（2014）韶仁法行初字第 13 号盈锦置业诉仁化县地方税务局行政诉讼案，盈锦置业认为"仁地税处〔2013〕2 号《税务处理决定书》要求其补缴 2011 年应缴营业税、城市维护建设税等合计税款 55.92 万元，加收滞纳金 22.13 万元的处理决定违法，2014 年 8 月，一审认为，仁化县地方税务局处理决定事实清楚，证据充分，驳回原告的诉讼请求。此案法院依据《营业税暂行条例》及《营业税暂行条例实施细则》第五条规定，核定盈锦置业的计税价格。盈锦公司《关于 2011 年 03 月团购步行街商铺给予较大优惠的情况说明》，依据广东省政府文件规定的"成本价核定批复"确定了团购的价格。此案中，税

---

① 税收信赖保护主义原则为税收基本原则之一，参考《税收征管法》第五十二条的规定，在税务机关无法证明纳税人存在责任的情况下，应做出对行政相对人有利的处理方式。

② 参见河南省安阳市中级人民法院行政判决书（2018）豫 05 行终 222 号。

③ 从法律体系解释的角度看，税收滞纳金与罚款性质有所区别，税收滞纳金属于征税行为，而罚款属于行政处罚行为。虽然税务局的规范性文件不能作为立法，甚至是司法解释，只能作为"学理解释"，但是从《税务行政复议规则》第十四条的关于行政复议受理范围的规定中，可以看出部门对税收滞纳金的定性。

务局并未认可该价格，而是按照纳税人近期平均销售价格核定征收。另 2013 年 9 月 13 日，稽查局填写办理了"延长税收违法案件检查时限审批表"，该表记载，"检查开始日期"为"2013 年 7 月 16 日""原定完成日期"为"2013 年 9 月 14 日""申请延长至"为"2013 年 11 月 12 日"。从开始团购的 2011 年 03 月至税收处理决定做出的 2013 年 11 月，税收滞纳金计算期间为 32 个月。

结合案例三和案例一，有以下三个疑问：一是税收滞纳金核定的主体是谁，适用的核定标准如何确定？两个司法判例同为核定价格，同是营业税，为何广州德发案缴纳了所欠税款免除税收滞纳金，而韶关盈锦公司依据广东省政府的"成本价核定批复"需要加收税收滞纳金？二是地方政府的规范文件对于税法适用的效力问题，此案中盈锦置业根据地方政府"成本价批复"，能否视同税务"预先裁定"？三是税收滞纳金的作用在于催促纳税人履行纳税义务，其主要目的不在惩罚。异议时期和调查处理阶段，是否适用税收滞纳金的中止状态？

（四）税收滞纳金"部分税款说"——江苏常州张建琴诉金坛地方税务局行政案

2015 年上诉人张建琴因契税征收一案，不服金坛市（现金坛区）人民法院（2015）坛行初字第 24 号行政判决向常州市中级人民法院提起上诉时，称金坛税务局对其 2010 年购买的三套商品房未及时缴纳契税 1 033.95 元。从 2011 年 4 月 14 日获得不动产统一发票至 2014 年 04 月 02 日收到"常地税复不受字（2014）"第一号文件止，加收的滞纳金为 4 996.47 元，为应纳税款的近 5 倍。一审和二审均认定税务机关事实认定清楚，法律适用正确，维持原判。本案是一起自然人与税务机关的行政诉讼案件，法院审判的依据为《税收征管法》第五条、第十条，《中华人民共和国契税暂行条例办法》第十一条、第十二条规定契税的纳税义务发生时间为签订合同的当天。笔者认为，"常州张建琴案"有将税收滞纳金执法行政化的偏离。

其一，该案根据 1998 年《国家税务总局关于偷税税款加收滞纳金问题的批复》："滞纳金不是处罚，而是纳税人或者扣缴义务人占用国家税款的一种补充，是税款的一部分"此属于学理解释，不能成为法院裁判依据。

其二，涉及税收滞纳金的征收是否以纳税人知道或者应当知道欠税行为为要件？该案原告张建琴作为自然人，按照房产交易买卖习俗于房产交易当天缴纳相应税费。交易的不确定性会受到购房者过户条件限制（例如首套房、社保缴纳等）、贷款条件限制（如信用不良或者银行政策调整）等影响。房产中介为交易安全和效率也是待银行放款和房产过户条件达成后，再缴纳契税随后办理不动产过户手续。此案不以纳税人"知道或者应当知道"为必要条件，因此，税收滞纳金是否会增加公众对于税收的不可预测性？

综述，笔者选取近几年典型案例，引出研究税收滞纳金的必要性。

一是理论上修正对于税收滞纳金存在的理解偏差，避免实践中的争议、混乱和矛盾发生；

二是借助美国、日本、德国的税收滞纳金制度，"比较我国大陆税法学"[①]对税收滞纳金进行溯本求源的思考，以期完善我国税收滞纳金相关立法和司法实践。

二、税收滞纳金制度的研究背景和意义

税收滞纳金问题研究涉及经济法学、行政法学、民法学和宪法学，经济法学的"税收法定主义""信赖保护主义"；行政法学的"比例原则""合理性原则"，民法学的"公平性原则""意识自治原则"；宪法学的"尊重和保障人权"。税收滞纳金研究有丰富内涵和外延，跨越多学科和领域，笔者针对这一选题的背景和意义，从制度沿革、立法过程和理论层面进行论述。

（一）历史上的任何制度，都是当时人们的利益及其选择的结果

税收滞纳金制度自 1950 年颁布的《政务院工商业税暂行条例》（已废止）开始确立[②]。税收滞纳金制度施行之初，商品贸易并不发达，企业数量和贸易交易额并不大。随着改革开放的推动，市场经济的兴起，税收滞纳金制度有向公用事业单位适用的趋势。

（二）立法的价值目标

立法的价值目标是秩序、公平和价值。税收滞纳金制度是法学对于社会经济发展需要的回应，是立法惯性思维与立法效果期望的利益平衡，是社会公平以及价值最大化的博弈。当下，税收滞纳金的立法不仅是法律规范文件的供给

---

① 笔者于 2018 年 12 月 22 日，选择中国裁判文书网，在高级检索栏输入"滞纳金"字样，共检索出 157 份相关文书。以"税收滞纳金"作为检索条件，显示的行政诉讼裁判文书仅有 9 份。在中国知网检索"滞纳金"，从 1962 年至今，有 2 310 份相关论文，以"税收滞纳金"作为检索条件，有 120 条相关信息。这一数据在司法方面印证了进入司法救济流程的税收滞纳金案例较少，在司法方面"亟待破除行政诉讼双重前置程序"，另外，在学术研究方面，还需"激发税收滞纳金学术研究百家争鸣"。

② 第二十七条规定："不按期缴纳税款者，除限日追缴外，并按日处应纳税额百分之一的滞纳金；必要时，得由中央人民政府财政部以命令增减之"。

过程，而且是一个与经济、社会、政治等要素充分互动的过程。法律施行期间普遍具有滞后性和"修改的周期性"，税收滞纳金"修订时点"应该具有一定的前瞻性。税收滞纳金这一选题的研究意义，不仅能体现立法问题分析的动态化，同时还要发挥对立法实践的评判功能，呈现"立法理想化"① 的现实主义进程。

（三）税收滞纳金是跨多学科和多领域的法律制度具体应用

各种法律的视角不同，涉及的适用原则也各不相同，厘清经济法、行政法、民法在税收滞纳金中的适用分类，为我国《税收征管法》法律变迁提供一定的"实证素材"②。从个案出发、运用法学研究方法、以社会实效作为定义要素，精确、客观地揭示税收滞纳金制度在维护市场公平竞争权、社会主体的财产分配请求权、自由交易权和弱势群体的合法权益保护权等的作用。税收滞纳金法律制度也要从"税法学"的角度，关注经济现象及经济规律。

（四）本书的研究视角

税收滞纳金理论来源于实践需要，而理论一旦产生，理论往往会指导实践和超越实践。现有的税收滞纳金制度研究较少，1960 年知网相关主题的文献索引中 120 篇，占"滞纳金"索引论文 2 310 篇的 5.19%；"税收滞纳金"相关司法案例 9 篇，为"滞纳金"157 篇中的比例为 5.73%。经笔者文献梳理发现，现有的研究成果主要着眼于税收滞纳金的概念本身、性质的界定以及税收滞纳金比例是否恰当等。研究模式为"批评、借鉴、建议"的程序化模式，而对于税收滞纳金制度的确立、发展、演变、域外税收滞纳金现状经验借鉴，以案例方式整理归纳，进而类型化的研究并不多见。自 1950 年税收滞纳金制度确立至今，中国裁判文书网仅有 9 篇案例，正是由于这种理论研究与司法实践严重脱离的现状，导致税收滞纳金理论学说众多，法律、法规、规章及规范性文件有时也相互矛盾③。因此，本书从税法学的视角出发，对税收滞纳金做整体性、深入性和系统性的专门研究。

---

① 诺斯指出，制度变迁绝大部分是渐进的、动态的，是对价值组合的边际调整。

② 以 19 世纪孔德的法律实证主义为思想基础，经凯尔森等发展，依据"什么已经被指定"和"什么具有社会实效"，在一定程度上否认了法律的有效性与道德和公正相关。

③ 矛盾的根源在于司法裁判认为税收滞纳金不属于行政处罚，不受《中华人民共和国行政强制法》对于滞纳金金额上限的限制。但是国税总局"税款部分说"或者以台湾学者林纪东教授为代表的"执行罚"这一理论基础，从学理解释和历史解释的角度看尚缺妥当。

三、税收滞纳金实践应用

从目前知网上"关键词索引"的结果来看，税收滞纳金的结果相比行政滞纳金的结果而言，数量偏少。此次《税收征管法》修订，对税收滞纳金主题的讨论开始多了。近期中国财税法网亦刊登了不少法学者关于税收滞纳金的文章。代表学说如下：

（1）黄茂荣教授 2018 年 7 月 5—11 日在厦门大学短学期讲学中提出，税收诉讼标的由"争点主义"转化为"总额主义"。继《论捐税之滞纳金》"附带给付——利息罚"的研究之后进一步提出了自己的观点①；

（2）李刚教授（2018）在《税收滞纳金的功能与性质的界定方法：利罚参照比较法》中提出，"税收与利息并存"的观点，建议"加收滞纳金的数额不得超过滞纳税款的数额"；

（3）以日本为例，《日本国税通则》将税收滞纳金定性为"附带税系指国税中的滞纳金"；

（4）《美国联邦税法典》认为税收滞纳金具有"罚款与利息并存"的性质；

（5）《德国租税通则》认为税收滞纳金属于租税的附带给付：税收滞纳金既非利息、亦非罚金，而是一种迫使义务人及时纳税的手段。

（一）税收滞纳金的研究视角

中国期刊网全文数据库中以"税收滞纳金"为关键词的研究文献主要有：

（1）税收滞纳金是一种因占有国家税款而应缴纳的一种补偿，实质为损害补偿（江平，1991）。

（2）行政处罚说（刘剑文 等，2007）。很多纳税人认为税收滞纳金与其他处罚措施没有根本区别，甚至是执法人员也持有此种观点。

（3）行政秩序说。税收滞纳金是制裁纳税义务人的过失违反义务行为，是督促其按时履行义务而采取的方法，其强调的是督促功能，而非逾期的处罚；

（4）其他学说，诸如"损害兼行政执行罚说""租税附带给付学说"等。

1987—2018 年有关税收滞纳金的文章期刊检索结果显示如表 9-1 所示。

---

① 引自黄茂荣的教授：总额主义是抽象化具体的纳税义务人，将税务诉讼平常化具有重要意义，笔者认为，平常化是检验税收滞纳金法制改革成果与否的重要标志，黄茂荣教授降低司法救济高门槛建议对我国税收征管法具有重要的借鉴。

表 9-1　1987—2018 年有关税收滞纳金的文章期刊检索　　单位：篇

检索年份	主题	篇名	关键词	摘要	合计
1987	1	0	0	0	1
1989	0	1	0	0	1
1992	0	1	0	0	1
1994	0	1	0	0	1
1995	1	2	1	1	5
1996	0	2	0	0	2
1997	1	4	0	0	5
1998	1	2	1	1	5
1999	0	3	0	0	3
2001	0	2	1	0	3
2002	0	5	0	0	5
2003	0	3	0	0	3
2004	1	1	0	0	2
2005	0	0	1	0	1
2006	0	1	0	0	1
2007	0	1	0	0	1
2009	0	2	1	0	3
2010	0	4	0	1	5
2011	2	5	1	1	9
2012	0	3	0	0	3
2013	1	8	1	2	12
2014	1	5	2	1	9
2015	3	3	2	1	9
2016	2	7	2	2	13
2017	3	2	1	0	6
2018	3	6	1	1	11
合计					120

根据上述检索数据，笔者对税收滞纳金制度研究的文章发表量折变化趋势绘出图 9-1：

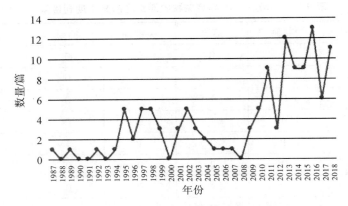

图 9-1 税收滞纳金文章发表量趋势图

从图 9-1 和表 9-1 可以看出，税收滞纳金制度研究自 2011 年以来，理论研究文献发表年均 9 篇，是 1987 年以来年均发表量 4 篇的 2 倍还多。

从图 9-1 可以看出论文发表量在 1992 年、1995 年、2011 年、2013 年、2016 年达到阶段性顶值，结合《征收征管法》的修订时间表①，可以看出税收滞纳金理论研究与《税收征管法》的修订动态保持正相关态势。有一点值得思考：为什么自 2002 年开始至 2008 年税收滞纳金的理论研究处于停滞状态？

（二）税收滞纳金相关立法文件梳理

立法层级构成主要由中央和地方政府，中央一级由全国人大、全国人大常务委员会和国务院组成，地方一级包括省、自治区所在地的市、直辖市和较大的市。根据立法文件的效力位阶，可以分为与税收滞纳金相关的法律、行政法规、国务院部门规章、地方性法规、地方政府规章和司法解释。截至 2018 年12 月 23 日，我国包含"税收"的条款，依效力位阶分类，在"法律法规数据库"检索梳理如表 9-2 所示。

表 9-2　税收相关法律法规效力位阶、发布部门及时效一览表

单位：份

效力位阶分类	数量	发布部门分类	数量	时效性分类	数量
法律	11	全国人大常委会	11	现行有效	1 591
行政法规	69	国务院	51	失效	525

---

①　参见重庆市国家税务局《税收征管法的立法和历次修法》。

表9-2（续）

效力位阶分类	数量	发布部门分类	数量	时效性分类	数量
司法解释	12	最高人民法院	6	已被修改	38
部门规章	2 103	最高人民检察院	7	尚未生效	5
党内法规	3	国务院各机构	2 110	部分失效	55
行业规定	11	党中央部门机构	3		
		中央其他机构	44		

通过表9-2可以看出，税收立法主要以部门规章为主，占到了2 103份。

（三）司法案例的重要性

司法案例对于税收滞纳金这一法学概念来说，正如杨仁寿教授所说，法学之所以为法学，必须透过法律之应用，实现吾人之社会目的，以满足人类各种之需求。笔者在中国裁判文书网和北大法宝以"税收+行政案件"为关键词，检索整理结果梳理如表9-3所示。

表9-3　税收滞纳金司法案例各年数量一览表　　　　单位：篇

年份	2018	2017	2016	2015	2014
数量	3	20	7	5	7
年份	2013	2012	2004	2003	2003 年之前
数量	5	1	1	2	3

笔者对北大法宝中的司法案例进行初步整理，整体上可以反映出税收滞纳金争议的基本情况。

（1）税收滞纳金司法案例研究在2017年出现集体喷发态势，全年出现20例司法案例，自1991年出现第一起案件以来，占到总案例数54例的1/3以上；

（2）在审理法院的分布上，依数量顺序分别是湖北省13例、河南省7例、广东省4例、其他省份1~3例不等。排名前三的省份，具体税收滞纳金行政诉讼案件的争议焦点大多集中于税收滞纳金的稽征主体是否合法、执法程序是否规范、计税核定是否准确，以及税收滞纳金的性质界定和与其他相关法律的冲突规范问题。

税收滞纳金制度研究的生命在于司法实践，本书从相关案例中导出问题，丰富税法理论，结合域外税收滞纳金法制的借鉴为我国税法学研究提供积极指引。本书所涉及规范的分析方法主要有：理论研究法、实证分析法和比较分析法。

（1）理论研究法是建立在文献梳理的基础之上，本书的理论研究以已有的理论总结、期刊文献、法律法规文献和司法案例文献为依据。已有的理论有：损害赔偿说、行政处罚说、行政秩序罚说、损害兼行政执行罚说、租税附带给付说；期刊文献梳理自中国期刊全文数据库（简称中国知网），以"滞纳金"为关键词为检索共 2 310 篇，以税收滞纳金为检索条件共 120 篇；法律法规文献梳理共 2 103 篇；以税收滞纳金为检索条件的司法案例共 54 例。

（2）实证分析法的裁判文书是税收滞纳金制度的最佳研究文本[1]，具有时效性、实证性和客观性，与经济法学的"社会效率与效益"这一"社会性本位观"密切相关。案例分析法的重要性正如霍姆斯所说将一个案例归纳为一条规则的努力是一种丰富法理学的工作。实证分析法对于理论研究的方法是相互促进的。尽管这种研究方法仍然存在诸如法院系统未全面上网公开裁判文书、存在样本分析和总体完整性的不确定性，以及判例本身受到司法人员的个别影响。但是，笔者认为不能因为不全面而拒绝实证分析。实证分析法有两大功能：一是将已有的解决社会纠纷的经验转化为司法指引（莫良元，2012）和规则；二是将新的、未出现过的纠纷问题转化为司法问题，对个体利益进行考量。

（3）比较分析法是重要的规范性分析方法，本书运用了中央法律文件与地方法律文件之间的"纵向比较"，我国立法法规定了中央和地方两层次立法组织结构，就税收滞纳金相关法律制度来说，《税收征管法》这一中央立法中未予明确规定的内容，地方往往通过立法将其具体实施。本书运用对比分析方法，依据《中华人民共和国立法法》规则，上位法未予规定内容的，下位法不得设定。税收滞纳金制度不属于行政处罚，税务机关不具有自由裁量权。

分析不同学说之间有关税收滞纳金性质界定，这种对税收滞纳金学说进行的"内部的比较"，揭示学说的异同，探寻规律，结合税收滞纳金变迁历史，对税收滞纳金本质进行溯本清源；

将我国税收滞纳金的制度与美国、日本、德国的相关规定进行横向对比，这种横向对比，能够解释不同国家和地区税收滞纳金义务人不同的法律制度措

---

[1] 美国国税局在 2015 年投资 8 540 万美元建立"税务司法案例库计划（ECM）"，其目的在于通过税收的司法实践简化整个税务部门的管理流程，减低社会成本提高效益。该项目曾经在 2018 年 7 月因为没有适合的软件配套暂停了开发，但是，IRS 计划在 2019 年 02 月重启这项"税收案例库 ECM 解决方案"。

施，有助于我们分析其形成机制，为我国税收滞纳金制度动态立法提供借鉴。

而历史对比分析法，常被学者们运用于探究不同历史时期的税收制度、税收滞纳金制度的理论内涵和外延，探究税收滞纳金来龙去脉，理解现代税收滞纳金作为税收之债概念的作用和意义，充分认识其回归民法之必要性的研究中。

第二节　税收滞纳金问题的成因

一、行政效率优先的历史桎梏

行政效率与行政公平起源于资本主义制度，行政效率优先为行政法学的独立发展打下基础，随着"公法学私法化"的扩展，资本主义"行政效率优先"的弊端逐渐显露出来。

一是公权力的扩展损害了私权利的合法利益；

二是公私法学交融性增强，需要重新审视行政效率优先的原则适用。

行政效率优先原则①体现在《税收征管法》和《行政强制法》中，税务行政机关并非要在权力与权利间进行取舍，而是要保障行政行为的公定效力，突出或强调行政权力的确定性和执行性，在行政相对人的权利保护方面显得不足。具体表现在：

一是行政效率优先原则不能等同于税收征收越快越好。税法作为行政法的特殊部门法，其地位置于行政法和刑法的规制之下。税收实行法定主义，税收认定、税收处罚由税务机关决定，税收行政不服由做出决定的上级税务机关决定，税收行政诉讼设置双重前置程序，对偷税、逃税、抗税、骗税的依法追究刑事责任。这些举措一定程度上提高了税收征管的"行政效率"，但是在行政公平上存在欠妥当情形。部分原因为国税总局为提高税务机关税务处理效率，频以基于财政收入国家利益至上的逻辑，发布规范性指导文件，进而影响税务机关的税收行政决定和司法机关的涉税案件审判援引（叶金育，2015）。

二是行政效率优先的原则不能等同于行政成本越低越好：行政公平较难以通过外部监督的方式进行。我国税务机关以税收征管为职责重心，对于税务服务、纳税人权利保护（例如涉税信息保护权）、税收监督机关和制度建设、税

---

① 释义：行政效率优先是指效率优先，兼顾公平。行政效率为公共组织和行政人员从事公共行政管理工作所投入的各种资源与所取得的成果和效益之间的比例关系。

收宣传等职责并未转变观念。行政效率优先变成了"赤脚的马拉松"，执法机关只顾跑得快，对于是否跑得稳和跑得准的情况在所不问。《中华人民共和国行政处罚法》设置了行政处罚的听证制度，但是税收滞纳金因从法定主义无自由裁量权，故不能设置听证程序（周远玲 等，2008）。笔者认为，税收滞纳金与税收罚款性质均具有惩罚性，应当适用行政处罚法之听证申请。

三是行政效率优先不能不顾及公平。《2015税征草案》将税收滞纳金的征收率从每日的万分之五提高到千分之五，催收的压迫性明显增强，能够在短期内增强纳税义务人缴纳税款动机的同时，也存在一些问题：

一是未予以区分纳税义务人的欠税原因，对于生产陷入短期困难的纳税人来说，税收滞纳金比财产扣押、资金冻结好不了太多。其在短期内本就无经济能力缴纳税款，税收滞纳金的处罚，无疑是给企业经营雪上加霜。

二是税收滞纳金不能像税收利息一样具有减少的规定，税务机关也没有核定比例、数额的自由裁量权。如此行政效率与税收滞纳金纳税人的权利保护格格不入。

二、行政义务实效的"蒙蔽"

税收滞纳金无论是作为行政处罚、行政秩序罚抑或者是税款的一部分，一定程度上可以说公民均认同收取税收滞纳金是税务行政行为。执行力是实现行政行为内容的手段，包括自力执行、行政强制执行和司法强制执行。执行方向上，税务机关有对行政相对人的行政执行和对行政主体的行政执行。行政义务实效是继行政行为的法定主义①而言的，方世荣教授认为，行政行为的执行力只能就具有强制执行手段的行政行为采取执行手段，故认为行政指导、行政给付等不具有执行力（王天华，2014）——行政义务实效区别于行政行为的两个特点：

一是非诉执行制度。非诉执行制度是行政行为的实定法规范向行政义务效果概念化的演绎；

二是行政执行效果的追求。正是行政执行的行政特权主义和其面对行政相对人的特点，才使得行政执行在自由裁量和因地制宜、因时制宜的灵活性方面有所欠缺。但是目前税收征管中，行政义务实效似乎成了"行政机关确保那些无执行力行政行为实现的灵丹妙药"。行政义务实效的手段在税收征管制度

---

① 法定的行政行为包括行政命令、行政征收、行政许可、行政确认、行政监督检查、行政处罚、行政强制、行政裁决、行政合同、行政赔偿、行政给付和行政奖励。

方向的措施有：税收担保、税收连带、约谈、信用惩戒、发票限制、甚至是取消入学资格，不得晋升、不得参加征兵①等。笔者认为，如此行政义务实效的滥用，恐是行政效率优先原则的变形，是行政执行力法定化约束下的"效果蒙蔽"。

三、税收公平思维的严重缺失

税收法律关系学说发展从"税收权力关系说"发展到"税收债务关系说"再到现在的"税法学独立学说"。通过《税收征管法》的历次修订，税收程序保障有了较大的进步：比如税收事实的法定化，税收认定标准的细化，税收处罚听证程序，税收强制的一些禁止行为，等等。笔者认为，在税收滞纳金制度方面，《税收征管法》可借此次修订，促进税收滞纳金的公私法交融，建立税收征纳双方的"税收公平"思维。法治思维下的税收公平，出发点应是建立国家征收主体与纳税相对人之间的互动沟通和权责平衡。这一出发点首先是破除行政效率优先的历史桎梏和行政义务实效的滥用。那么作为《税收征管法》中催促纳税义务人尽快履行缴纳税收义务的手段——税收滞纳金制度，从税收公平思维出发，它的缺失有哪些呢？

我们从税收滞纳金制度范围和种类说起。笔者援引法学者丁作提（2012）"三方主体三重关系的三层结构"学说②，分析税收滞纳金制度的税收公平思维缺失和重构：

一是实体法层面法定主义的源头缺失，税收滞纳金非行政处罚，更非私法之债概念，完全依照法定主义产生。我国现行的有效税种有 18 种，实体性税收法律 3 部，除了在《税收征管法》中有对税收滞纳金的规定外，并未有其他法律文件对税收滞纳金的进行界定。《2015 税征草案》中对税收滞纳金制度征收期限、征收比例方面提交了修订意见，这一修订意见区分了税收滞纳金的税收损害补偿说概念，将税收滞纳金归为行政秩序罚性质更加明确。但是其并未解决行政秩序罚区别于税收行政处罚的界限问题，也未明确税收滞纳金区别于税款部分说的观点。税收滞纳金这一法律性质模糊的现状对建立征纳双方主体的"公平思维"无益。

二是在程序法层面，公平思维建立的障碍从税收天然的"公益性"和纳

---

① 《中华人民共和国兵役法》第六十一条：应征公民逃避税收征管的，拒不改正的，在两年内不得录取、不能录取为国家公务员、不得出国或者升学。

② 作者认为，三方主体包括国家、征收机关、和纳税人；三重关系为民法关系、行政法关系和刑法关系；三层结构为宪法性结构、实体法结构和税收程序法结构。

税义务人天然的"理性经济人"假说的对立，可以看出税收滞纳金及税收矛盾产生的必然性。税收程序公平是建立税收法制化的前提，事实上征纳双方的信息不对称造成了税收公平思维建立的天生缺陷。部分纳税纠纷中，纳税义务人对于何时欠税，欠何种类税，所欠金额均一无所知就被要求缴纳税收滞纳金。虽《2015税征草案》修改了税收滞纳金从税务决定书纳税期限届满之日起计算，但是作为税收滞纳金前身的税收利息可能高达14.5%①，如此高昂的代价难言公平。

三是司法救济"后天不足"，公平思维自困窘况。从近几年的税收滞纳金司法案例来看，税收滞纳金的诉讼通常是连同税收行政诉讼一并提出（笔者认为税收滞纳金不是税款部分，具有民法规范的空间，适用民事诉讼可以支持），税收双重前置程序令很多纠纷案件不能进入司法救济程序。况且司法裁判多援引国税函告，否认《中华人民共和国行政强制法》限制。笔直认为应破除国税局函告等学理解释对纳税公平的干预。

---

① 参见上文计算方法："银行贷款利率和市场借贷利率的合理水平核定……"

第十章　税收滞纳金制度缺失及规制补强

第一节　制度缺失

一、税收滞纳金起始时间与中止规制

税收滞纳金相较行政滞纳金或者罚款，其数额不设上限，因此容易造成本文司法案例中"天价滞纳金"。《荷兰行政通则》第五章第三十二条规定："行政机关可确定执行罚的最高限额，超过该限额不得再增加"。这意味着行政机关应规定执行罚的期限和终止规则，我国的《行政强制法》对于行政罚款和滞纳金有规定上限不能超过本金金额。税收滞纳金在司法判例中，法院往往认定"税收滞纳金为税款的一部分"，或者"税收滞纳金是行政执行罚，不是行政处罚"，判决不受《行政强制法》第四十五条规定的限制，并且根据《最高人民法院关于执行〈中华人民共和国行政诉讼法〉若干问题的解释》第五十六条：有下列情形之一的，人民法院应当判决驳回原告的诉讼请求……（二）……被诉具体行政行为合法当存在合理性问题的。"纳税人逾期不履行税务机关依法作出征收税款决定的，自期限届满之日起，按照税款的千分之五按日加收滞纳金"。其明确规定，被诉行政行为合法但存在合理性问题的，适用驳回原告诉讼请求的判决。故在税收滞纳金无法适用《行政强制法》"上限保护"和人民法院关于税收"合理性保护"的情况下，明晰税收滞纳金计算的起算点、中止点显得尤其重要。根据《2015税征草案》第六十七条的规定①、现行《税

---

① 参见"纳税人逾期不履行税务机关依法做出征收税款决定的，自期限届满之日起，按照税款的千分之五按日加收滞纳金"。

收征管法》第三十二条的规定①，税收滞纳金起算时间从纳税人应纳而未纳税款之日变更为税务机关税收处理决定期限届满之日。起算时间的变更减少了因不知应纳税事实而导致税收滞纳金起算的不确定性，使得纳税义务人对于税收滞纳金的起点有一个稳定的预期。可是仍存在以下几个问题：

一是在税收滞纳金期限内，从应纳税款之日至税务机关决定书规定的期限届满期间，不属于税收滞纳金计算期间，而由"税收利息"规则加以确定，税收利息的利率自由裁量权介于贷款基准和市场利率之间，从违约成本来看，这样的期间设计存在违约收益大于违约成本的较大可能②。

二是对于纳税人主动发现漏税而申报或者是税务机关发现未及时申报、错误申报的，《2015 税征草案》每日千分之五的规定比每日万分之五提高了 10 倍。这表明，从税务局查核开始，留给纳税义务人的时间更少了，实务中，税务机关留给纳税人的"责令缴纳期限"不同于税款的履行期限，税款的履行期限是应税行为发生之时截止到每月纳税申报截止日期，而责令缴纳期限则为税收债务人超过履行期限后，税务机关催缴至强制执行的期限。责令缴纳的期限截止是行政强制执行的前提。一般我国为 15 天，德国为 7 天，日本为 10 天，不排除节假日计算，纳税违约的可能将变得更大。

三是税收滞纳金起算时间的规定，均忽略了对于纳税义务人欠税主客观故意的问题。前文案例一和案例三中已经出现过司法判例就税收滞纳金起算时间点不一致的问题③。

四是税收滞纳金的中止和终止计算未予明确。在 2015 年修订的《税收征管法》中，行政复议和行政诉讼的前置程序是税款、罚款、税收滞纳金的缴纳或者提供担保。故现行司法救济程序基本不存在税收滞纳金中止或者终止的情形。但是即便如此，对于未进入司法程序的税收滞纳金中止和终止情况不予以明确，越积越多的税收滞纳金数额给税款的清缴造成一定的难度，也堵断了纳税人与税务机关协调的路径。《2015 税征草案》取消行政复议的税款缴纳前置程序，但未进一步明确行政复议期间的税收滞纳金加收中止或者终止情形，实属遗憾。

---

① 参见"纳税人未按照规定期限缴纳税款的，扣缴义务人未按照规定期限解缴税款的，税务机关除责令限期缴纳外，从滞纳税款之日起，按日加收滞纳税款万分之五的滞纳金"。

② 第一，对于本来就是从市场取得借款的纳税人来说，欠税成为利率更低的选择项；第二，税收征管追溯期毕竟是存在固定年限的，从概率和侥幸心理出发，欠缴税款的行为比从市场获得借款更为有利可图。

③ 案例一中区分纳税人欠税的主观恶意与否，判决不加收税收滞纳金，而案例三中，法院并未考察纳税义务人的主观故意情况，而一律以应缴而未缴税款之日为税收滞纳金的起算时日。

五是《2015 税征草案》第一百零四条①规定了对于分阶段履行的，约定之日能否终止税收滞纳金的计算。采取补救措施的，可以减免罚款，但是这段时间税款仍然是欠缴的状态，税收滞纳金是否继续计算，或者适用税收滞纳金的中止或者终止计算情形？

二、税收滞纳金与行政滞纳金界限模糊

税收滞纳金因其征收比例明显高于银行同期贷款利率，一度被人们习惯性地称为"税收滞纳金罚金"。这不仅使纳税义务人容易产生误解，部分税收征管人员也持有该种观点，将税收滞纳金当作行政处罚而运用自由裁量权进行加收。究其原因，主要是《税收征管法》税收滞纳金与《行政强制法》行政滞纳金的界限模糊。我国理论界代表学说是章炜的"税收滞纳金行政处罚说"和林纪东的"税收滞纳金行政秩序罚说"。

税收滞纳金行政处罚说认为税收滞纳金具有明显的经济制裁性，适用税务机关"自力强制执行"，可以等同于税收罚款，实质为行政处罚的范畴②，可以适用《行政强制法》第四十五条的限制。

台湾学者林纪东代表的"税收滞纳金行政秩序罚说"认为，税收滞纳金并不是以惩戒或执行为目的，而是为了促使纳税义务人按时履行义务而采取的强制方法，我国的司法判例和国税总局函告均支持这一观点而否定《行政强制法》第四十五条对于税收滞纳金上限的限制。

评析上述两种学说，法律界人士有以下几点探讨：

一是税收滞纳金与行政滞纳金的表现形式不同，税收滞纳金表现为强制纳税义务人的金钱给付，而行政滞纳金方式包括代执行、法院申请执行和直接强制；

二是性质不同，税收滞纳金是通过设定一个新义务，迫使纳税义务人履行原来的纳税义务，而行政滞纳金是对义务人施加的处罚，原义务可能根本无法继续履行（比如生产假冒伪劣产品）；

三是适用范围上，税收滞纳金的征收起点是否以纳税人故意欠税为法律构

---

① 参见"纳税人有特殊困难不能及时完全履行纳税义务的，税务机关可以与纳税人达成执行协议，约定分阶段履行；纳税人采取补救措施的，可以减免加处的罚款或者滞纳金"。

② 参见《行政处罚法》第八条：行政处罚的种类包括警告、罚款、没收违法所得、没收非法财物、责令停产停业、暂扣或吊销许可证、执照、行政拘留、法律、法规规定的其他行政处罚。笔者认为，税收滞纳金并不能完全等同罚款，因税收罚款是按照欠税额倍数处罚，而税收滞纳金是按照欠税额的征收率和征收期限处罚。

成要件有待学术界探讨①，但是行政滞纳金通常适用故意的违法行为；

四是规定的方式上，税收滞纳金规定征收比例为按日加收滞纳金且没有上限，而行政滞纳金存在上限限制。表 10-1 为中国大陆与域外税收征管相关制度的对比。

表 10-1　中国大陆与域外税收征管相关制度对比表

	经济补偿	行政秩序罚	行政处罚
中国大陆	税收滞纳金		
德国	税收利息	税收滞纳金	税收处罚
美国		税收附加税	
日本	利息税	税收滞纳税	加算税

笔者认为，税收滞纳金性质应该逐步脱离行政滞纳金的模糊状态，为民法部分调整之适用。除税收滞纳金征管环节带有明显的公法性质，其产生阶段和消灭（履行）阶段应为民法所调整。笔者认为，行政法设立之初为获得独立发展，与民法划分界限。但是随着"统一于宪法""保障人与人之间的利益"的共同性的发展，税法这一行政法部门与民法出现了很大的"关联性"，应从分辨"行政滞纳金概念"的界定局限里挣脱出来。税收滞纳金适用民法调整表现在：

一是民法在税收滞纳金制度调整上具有"对象的同一性"，税收滞纳金征收的对象是纳税义务人据应税行为而产生的欠缴税金，而财产、所得等所有权概念为民法调整和确认。只有根据产权归属确认的财产权，税法才可以要求纳税人无偿转移，无论这种转移是纳税义务人自有财产转移，第三人自有财产代履行还是扣缴义务人以纳税义务人财产履行等方式（熊可，2018）。

二是除了税收滞纳金制度和民法制度具有空间和对象上的同一性之外，民法还具有税法调整时序上的"在先性"（黄茂荣，2011）。

三是税收及税收滞纳金制度具有一定的独立性。只要其行为产生的后果满

---

① 参见张婉苏《滞纳金制度研究》，南京大学博士论文第 57 页。张婉苏认为税收滞纳金不适用区分纳税义务人之主观意图；参见孙成军《税收之债不履行的构成要件》，山东大学博士论文第 30 页，孙成军认为税收滞纳金以区分纳税义务人行为或理由不具有正当性为前提；而司法判例中德发公司案和盈锦公司案两个不同的判决认定，德发判决无恶意欠税免交税收滞纳金，盈锦案未予以考虑此前提判决支付税收滞纳金。笔者认为，税收滞纳金征收起点需以纳税义务人明知或应当知道欠税事实为起点，以避免常州张建琴案的再次发生，这一观点在新的《税收征管法》（送审稿）中"税收滞纳金从税务机关认定书期限届满之日起计算"规定中得到支持。

足构成要件税收滞纳金之债权即成立，不因民法确认的无效而无效，避免纳税义务人滥用民法之自由意识表示造成税收流失影响税收公平。

三、税收滞纳金减免情况未予细化

我国原来的《税收征管法》规定税收滞纳金征收率为每日的千分之五，年化利率18.25%。虽然比银行的同期存贷款利率高出几倍，但是，笔者认为与市场借贷利率相比（当时的平安普惠12期利率年化8.6%+月担保费0.56%×12个月=15.32%以及支付宝花呗逾期利息为每日万分之五）具有公平性。平安银行的1年期贷款利率和支付宝的花呗利率可以在很大程度上反映市场平均利率水平。从"法律制度经济学"看违约成本选择问题，如果税收滞纳金加收率低于市场平均利率水平，作为纳税义务人的"理性经济人"将可能会选择不履行纳税义务而承担税收滞纳金的"成本支出"。但是《2015税征草案》规定，"税收滞纳金比例自每日万分之五，调整为每日千分之五"。若调整，实际换算的银行年利率将到达182.5%，如此，以税收滞纳金来敦促纳税义务人如期履行的目的将很难实现①。我国税法依据"法律主义原则"，税收滞纳金的加重、减少和免除制度除法律明文规定，不得存在自由裁量权。《2015税征草案》第一百二十五条规定：对主动纠正税收违法行为或者……，可以视情节从轻、减轻、免于……或者减免征收税收利息。其中对税收滞纳金的减免情况并未予以明确，而是在税务总局、海关总署等出台税收征管法实施细则有这一类的规定②。细化税收征管法对于税收滞纳金减免制度，明确纳税义务人应承担的法律责任有重要影响，同时结合纳税义务人经济支付能力，做出税收滞纳金加收率的减免的情形，利于实现税收滞纳金设立执行罚的初衷，亦是行政法学中"比例原则"的重要体现③。综上，我国税收滞纳金征收率"先高后低再高"的过程，从1%的工商业税至2001年版《税收征管法》的万

---

① 因为一旦纳税人无法承受高额的税收滞纳金，将会造成税收税款的不履行，甚至造成逃税、偷税、漏税和抗税的现象发生。

② 参见海关总署：《关于进一步明确税款滞纳金减免事宜的公告》，海关总署公告〔2017〕第32号，2017年07月20日。其规定："纳税义务人符合海关总署2015年第27号公告第一条规定的可以依法减免税收滞纳金情形的，……公告第一条第三款规定的"自查发现仅指符合中华人民共和国海关稽征条例实施办法（海关总署令第230号）……的情形。

③ 比例原则域外立法体现在：《德国租税通则》第二百二十七条第一款规定："依个别事件之状况，租税债务关系请求权之收取为不允当时，稽征机关得免除其全部或部分……，或用于抵缴"。《美国联邦强制执行法》第九条规定："强制执行方法必须与其目的相适应，并且应当减少对当事人和公众的损害"。

分之五，至《2015 税征草案》每日千分之五。税收滞纳金的法定减、免情形仍处于未予明晰的状态，仍需借鉴《行政强制法》、海关总署公告、国税总局意见等法律规章予以细化。

四、税收滞纳金与税收利息、罚款存在重叠

我国现行《税收征管法》对税收滞纳金、税收利息和税收罚款的征收是相互并存关系。相比日本加算税与延滞税、利息税之间的替代关系（李若澜，2015）而言，我国税收滞纳金、税收利息和税收罚款之间存在重叠征收的问题。根据《2015 税征草案》相关规定①，笔者认为，此三类税收决定存在相互重叠，原因如下：

一是从征收率来说，税收滞纳金为催促纳税人尽快履行税款缴纳义务，本质并不是以处罚为目的。按应纳税额每日千分之五加征的立法本意是加重惩罚力度促使纳税义务人履行，但是其客观上具备了罚款的性质，也远远超出了欠税税款的损害赔偿数额，故笔者认为税收滞纳金和罚款及税收利息存在重叠之嫌。

二是我国大陆地区税收利息的确定标准相较我国台湾地区而言，明显较高。《2015 税征草案》第五十九条第二款规定"税收利息的利率结合贷款利率和市场利率的合理水平确定"，据 2015 年 6 月 23 日最高人民法院颁布的《关于审理民间借贷案件适用法律若干问题》的规定：两线三区之年利率 24% 以内的合法有效。即 5% 贷款利率加上市场保护利率 24% 的平均值为 14.5% 税收利息率，这个利息高于我国台湾地区有关规定的税收利息 1.04% 和 0.21% 两种选择利率（王林清，2015）。

三是从计算期日看，税收滞纳金的计征期限虽然区别于税收利息，是从税务机关税收处理决定书纳税期限期满之日才开始。但是税收滞纳金的计征期限仍然是上不封顶。从税收滞纳金开始的当日起至纳税义务人缴纳为止，纳税义务人负担的成本是同时包含了税收滞纳金和税收利息的，从征税期日看，我国税收滞纳金存在征收重叠（李刚，2018）的问题。从税收利息与税收滞纳金并存从其他国家的立法②情况来看，我国的税收滞纳金不设上限之制度、与税

---

① 参见：税收滞纳金按应纳税额的每日千分之五自税务机关决定书期限届满之日开始计征；税收利息按应纳税额的核定利率（介于银行利率和市场利率自由裁量）自纳税义务人应纳税之日开始计算；税收罚款可处不缴或少缴的税款百分之五十以上三倍以下的罚款。

② 参见《日本国税通则法》第二条第 1 款规定的滞纳税和利息税仅为最高 35%；《德国租税通则》在第二百四十条规定税收滞纳金的同时规定了利息债务的情形仅为每一月百分之一；美国税收滞纳金制度税收利息并存情况最高为应按税额百分之二十五。

收利息和罚款重叠在一起数额更高。

四是"程序重叠"问题。税收滞纳金具有法定主义，适用税务机关自力强制执行；税收罚款具有行政处罚性可以适用行政强制法强制执行，而税收利息其本质是国家债权未及时足额清偿的损害赔偿，适用的法律程序是否是民法的诉讼程序呢（《税收征管法》修订之前，税收利息实质为税收滞纳金的一部分，是行政罚兼损害赔偿说里的一部分）？答案是否定的，在我国的《行政诉讼法》中明确规定①，只有纳税人起诉税务机关，而无税务机关起诉纳税义务人的权利。税收滞纳金制度的顺利运行势必要解决和税收利息及税收罚款的"程序重叠"问题。

五、双重前置对税收滞纳金权利救济的限制

《2015 税征草案》第一百二十六条②规定，行政复议取消税款缴纳前置，但行政诉讼仍然保留了"行政复议"前置和"税款缴纳"前置的双重前置制度。税收滞纳金行政诉讼之税款缴纳或纳税担保前置的取消，被学界认为是"尊重和保护纳税人的合法权益，提高税务行政执法水平，实现税收征管法法治现代化的重要措施"（徐妍，2018）。笔者认为，税收滞纳金制度的司法救济可以区别于税收行政诉讼程序，进行行政诉讼双重前置制度改革。原因在于：

一是税收具有完全的公益性和单务性，税收征管被普遍认为是公法行政法和刑法的规制范围，而税收滞纳金的产生是对税收债务不履行的催促方式，其性质可以适用"债务不履行"民法主线，将税收滞纳金之债担保、税收滞纳金连带责任、税收滞纳金债务承担、不当得利返还请求权以及税收滞纳金之债消灭制度和抵销制度等综合成一个完整的税收滞纳金民法调整体系。以税收之债不履行方式出现的税收滞纳金司法救济制度，理应挣脱"双重前置制度"的束缚。

二是税收滞纳金作为税款一部分的学理基础不复存在，自然，其作为税收征收一并适用双重前置的共同性亦受到质疑。税收滞纳金作为以税款欠缴为前提条件，为促使纳税义务人尽快履行纳税义务的行政执行罚普遍得到理论界（2018 年陈刚在财税法网刊文认可"行政执行罚兼损害赔偿说"）和实务界

① 参见《中华人民共和国行政诉讼法》（2017 修正），第一章第二条：公民、法人或者其他组织认为行政机关和行政机关工作人员的行政行为侵犯其合法权益，有权向人民法院提起诉讼。

② 参见"纳税人、扣缴义务人、纳税担保人同税务机关在纳税上和直接涉及税款的行政处罚上发生争议时，可以依法申请行政复议；对行政复议决定不服的，应当先依照复议机关的纳税决定缴纳、解缴税款或者提供相应的担保，然后可以依法向人民法院起诉"。

（本文 4 个司法案例法院判决）的认同。税收利息制度的出现，为税收滞纳金与税款的进一步脱离提供了理论基础（不再具有税款损失之损害赔偿说）。

三是税收滞纳金救济制度独立于税收制度，其基础寄望于《2015 税征草案》的立法修改。在送审稿中，仍然将税收滞纳金制度与税收征管制度置于"法定主义"和"非自由裁量权之范围"。这为税收滞纳金制度借由民法调整进而保护纳税义务人公平权利设置了障碍。

四是税收滞纳金司法救济的双重前置制度也有违"有侵害必有救济"的法律原则。"有权利而无救济即非权利"现实中，纳税人无力缴纳税款而被行政机关和司法机关拒于门外而不能立案，无法进入司法救济程序的情况很多，在司法判例中，我们通过"行政滞纳金行政诉讼案例"和"税收滞纳金行政诉讼案例"的数量对比亦能管见端倪。

税收滞纳金作为行政执行罚，目的在于与纳税义务人沟通，通过沟通实现税款的缴纳（陈劲松，2014）。笔者认为，设置了"双重前置"的税收滞纳金制度无异于是税款征收的"画地为牢"。

第二节　税收滞纳金规制补强

一、税收滞纳金法益保护补强

税收滞纳金制度对民法的援用不能是整体移植，而是基于税法与民法共同部分给予调整。正如法学家叶金育先生所言，基于税收之债的独有性，发端有私法之债存在一定的限度。无论民法准用的程度、范围或者是演进（叶金育，2013）。税法援用民法主要在于引入纳税担保、连带责任、第三人履行、代位权、抵销权和撤销权等债法制度。民法的援用是一把"双刃剑"，既可以保护税收安全，畅通纳税人私法权益保护；又可能成为行政法借用民法对征税权的任意扩张。要在根本立法上对援用民法的路径做出规定。一是税收滞纳金制度"准用"民法的模式，税法可以依照民法规范解决税法问题。例如，我国《税收征管法》第五十条规定：可以依照《合同法》第七十三条和第七十四条的规定行使代位权和撤销权，该准用模式是税法移植民法制度的典型做法；二是税收滞纳金制度"变换"民法的模式，即根据税法目的，将民法制度进行税法改造。德国《税收通则》第三十七条规定，税收债务请求权、税收退还请求权以及担保责任请求权等均是从民法债务关系概念转换而来的。援用的路径从方法论的视角"原则与例外",即税法无明文规定的,援用民法。对民法概念的理解遵从文义解释为主,推定为辅①。税收滞纳金制度对民法的援用原则与限度,主要表现在:税收滞纳金制度的目的为催促纳税义务人履行税款缴纳,而非作为税款和财政收入的一部分。

行政执行需要符合的第一个原则是"比例原则"②,税收滞纳金作为国家税收之债的执行手段,征收率偏高和征收额无上限,应有违反比例原则之疑;

第二个原则是"正当程序"原则,正当程序原则是行政法对民法的援用底线意识,防止行政权力的滥用。任何一项行政权力的行使,均需具备程序正当的四要素,即告知、听证、作为和救济。《行政强制法》对税收滞纳金纳税担保的强制执行,应在程序上符合正当性,且不能对担保物或者担保人直接行使税务机关的自力执行权,纳税担保的民法概念援用,需要借助担保合同这一行政合同的违反获得法院执行权。

第三个原则是"信赖主义"原则,税法不能借由民法的撤销权、代位权而危害基于信赖保护的安全交易权利,即税法援用的概念,设定的先税后证制度不利于不动产交易安全。综上,税收滞纳金制度援用民法的限度与原则,不仅要协助税收之债的实现,而且要保护和尊重纳税义务人权益,推进税法与民法的交融发展。

二、税收滞纳金法域衔接补强

现行行政法规范中对于税收滞纳金制度的规定,体现在《税收征管法》《行政强制法》《纳税担保试行办法》《税务行政复议规则》《税收征管法实施细则》《企业所得税法》《个人所得税问题的批复》《企业破产法》、财政部和国家税务总局发布的规范性文件,以及最高人民法院的司法解释中。笔者整理列示如下:

一是《税收征管法》第三十二条、第四十条第三款、第五十二条和第六十三条等行政法规范。其分别规定了税收滞纳金征收比率、起算时间、税收滞纳金强制措施与执行、税收滞纳金税务机关过错免除、对危害税收征管罪的税收滞纳金处理;

---

① 参见葛克昌观点:一般行政法并无类推禁止,亦不以法律保留而有所不同。见《税法解释与判例评注》,法律出版社,2013 年版第 68 页。

② 比例原则为行政法重要原则,其比例的适当性在于保护法益的权益与相对人的不利影响平衡。

二是《税收征管法实施细则》第九条、第十二条、第三十一条和第三十六条，其分别规定税收滞纳金为征税行为、批准延期缴纳税款中止税收滞纳金加征、税收滞纳金行政复议前置以及税收滞纳金救济税款及滞纳金缴纳或者担保的规定。

三是《纳税担保试行办法》第五条和第七条的规定，纳税担保范围包含税收滞纳金、税收滞纳金纳税担保为连带保证。

四是《行政强制法》中的税收滞纳金行政法规范、规定与第十二条、第四十二条、第四十五条和第四十六条。分别为滞纳金为行政强制的方式之一、分阶段履行协议可以免除税收滞纳金、滞纳金数额不超过金钱给付义务金额和税收滞纳金30日行政机关强制移送立案执行的规定。

五是《中华人民共和国企业所得税法》第五十四条第一款和第二款规定，企业应当自月份或者季度终了之日起十五日内，向税务机关报送企业所得税纳税申报表，预缴税款；应当自年度终了之日起五个月内，向税务机关报送年度企业所得税纳税申报表，并汇算清缴，结清应缴应退税款。也就是说，企业在次年进行所得税汇算清缴时，应补缴的税款在5月31日前缴纳入库的，不加收税收滞纳金。

六是《企业破产法》第四十六条规定，附利息的债权自破产申请受理时起停止计息。这是由于破产申请受理后发生的利息已经不属于破产债权。因此，欠缴税款将因破产申请受理而应停止继续加收滞纳金。

七是其他行政法律法规、司法解释及大量部门规范文件，分别是：①国税总局涉及税收滞纳金的文件，如国税函〔2007〕第753号文、国税函〔2007〕第1240号文、国税函〔2009〕第286号文、国税函〔2010〕第249号文、国税函〔2010〕第220号文、国税函〔2004〕第1199号文、国税发〔2005〕第25号文、税总函〔2013〕第197号文；②财政部文件，如财税〔2006〕第167号文、财税〔2008〕第109号文、财税〔2006〕第167号文和财税〔2003〕第208号文；③最高人民法院司法解释，如法释〔2012〕第9号①、1954年《最高人民法院、司法部关于欠税案件及计算税收滞纳金的解释的通知》、2004年《关于审理行政案件适用法律规范问题的座谈会纪要》等。

---

① 参见：最高人民法院关于税务机关就破产企业欠缴税款产生的税收滞纳金提起的债权确认之诉是否受理问题的批复。

三、税收滞纳金权利救济补强

税收司法实践中，法院判决因被执行人欠税暂停不动产过户问题的处理普遍存在。《2015税征草案》第七十二条①和第七十四条②规定的"先税后证"制度原意是为改善房地产行业肆意逃税、欠税问题突出的举措。从实践效果看，"先税后证"确实发挥了应有作用，但是其也带来了负效应，既阻碍了不动产案件过户的顺利执行，侵害了民事申请执行人的合法权益又对社会交易安全产生了极大影响，作为不动产的交易主体不能合理预计交易风险带来法的不安定性。自国税总局实施房地产税收一体化管理措施以来，"先税后证"制度的税种出现了扩展的迹象，一些原本与房地产不相联系的税种诸如增值税、个人所得税、城建税、教育费附加等税种"一体化""一窗式"征收。笔者认为，税收滞纳金应当不适用"先证后税"制度，税收滞纳金不属于"先税后证"中"税"的范畴，在司法审判中，通常将税款、罚款、税收滞纳金合计列示，进而适用"先税后证"的做法缺乏法律依据。"先税后证"制度是以不动产过户行为属于应税行为为前提的，不动产过户是否是类似于销售行为的应税行为？

根据《物权法》第二十八条、《最高人民法院关于适用〈中华人民共和国物权法〉若干问题的解释（一）》，民事执行程序中不动产物权的取得与不动产过户登记是相对独立的，进行不动产登记只是将物权公示，但并不影响物权的归属，在未完税或者未完成不动产过户的情况下，受让人仍然受法律的保护，税收及税收滞纳金的"先税后证"制度与民法私法权利的冲突是客观存在的。违反物权具有优先于债权的权利，类似于破产程序和"买卖不破租赁"，税款和税收滞纳金优先权也不例外。"先税后证"制度对税收法定主义产生较大危害，不利于纳税公平原则。从国税总局行政文件来看先税后证的"税"，笔者认为，应理解为房地产契税和土地增值税相关税种的"狭义"理解，优先适用文义解释而不能扩大解释为包含第二税收法律关系的税收滞纳金。

---

① 参见：对需要经有关部门登记才发生效力或者对抗第三人的动产或者不动产物权的设立、变更、转让和消灭，登记机关应当查验纳税人提供的相关完税凭证或者税收证明；对于未提供相关完税凭证或者税收证明的，不得办理登记。

② 参见：纳税人未按规定的期限缴纳税款，税务机关责令后仍未缴纳的，对其不动产设定优先受偿权，并通知登记部门予以登记，纳税人缴清欠税后，产权登记部门才能办理产权变更手续。

四、税法学独立学说的借鉴

我国目前仍将税法学置于行政法学的框架内，以行政法特殊部门法的形式存在。德国早期以奥托·梅耶为代表的行政法学家将税法学作为行政法学的一个组成部分，但自 1919 年《德国税收通则》颁布以来，德国的税法学开始从行政法学中独立出来。日本法学家北野弘久将税法学视为与行政法学并列的法学分支，自成"北野税法学"理论体系。我国税收滞纳金制度研究应当借鉴税法学独立学科理论体系，将税收滞纳金制度的法律适用从行政法的规制中脱离出来，寻求更大视野。关于税收滞纳金，《日本国税通则》对其设置了三套制度，借鉴了北野弘久观点①：

一是滞纳税（金）与利息税和加算税，不足申报加算税，申报期限内包括因正当理由造成在期限后申告后经修正申报或更正：

（1）属于不是预知应有更正的情况下，不课征；

（2）修正后的差额征收税款的 10%；

（3）修正后差额超过 50 万日元的部分，加征收 15%；

（4）加重加算税为基础欠税额的 35%。

不申报加算税，申报期限内不申报：

（1）属于不是预知应有更正的情况，按 5% 征收；

（2）修正后的差额税款征收 15%；

（3）修正后差额税款超过 50 万日元的部分征收 20%；

（4）加重加算税基础税额的 40%。

不缴纳加算税，为源泉征收未在法定缴纳期间缴纳的：

（1）在法定纳税前一个月完成，无滞纳故意的不加收；

（2）未收到法定告知期限的，征收 5%；

（3）一般情况征收 5%；

（4）加重加算税基础税额的 35%。

加重加算税针对以隐瞒和粉饰手段实施上述行为的情况征收的关系是替代关系。其中不足申报、无申报、不纳附加算税和加重加算税等四种情况适用加算税制度与税收滞纳金不并存。利息税仅是针对"因认可纳税义务人延期缴

---

① 参见观点为：在日本，纳税人如果不按照法律规定履行纳税申报义务，则可对其适用免受税法优惠的制裁；如果纳税义务人有申报不足的行为，则可对其处以加算税的方式进行行政制裁；如果纳税人不在法定纳税期限前缴纳税金，则要课以滞纳税（金）。

纳申报而批准的期间加收利息税，与拒不履行纳税义务的税收滞纳金不并存"。

二是税收滞纳金制度与税法学研究的角度相同，是从法律的角度探究纳税义务人权利与义务关系，并以此关系为基础分析税法制度的经济变动，优化税制结构。税收滞纳金以税款征收为目的，以催促履行为手段，关注的是行政效率、社会效益与纳税公平。区别于"税收学"关注财政收入运作过程的性质，税收滞纳金制度研究借鉴司法案例分析和实证分析，促进税法学法制化建设。

第十一章 我国税收滞纳金制度完善建议

第一节 设置清晰的税收滞纳金征管制度

一、优化税收滞纳金征收率结构

《2015 税征草案》将税收利息从税收滞纳金中分离出来，税收滞纳金的行政执行罚性质变得愈加明显（从全面的角度看税收滞纳金性质，笔者仍然主张税收滞纳金制度独立说）。结合表 11-1"中国与域外税收滞纳金征收一览表"，笔者认为，中国大陆地区税收滞纳金征收率结构应在以下几个方面进行改革：

表 11-1　中国与域外税收滞纳金征收率一览表

国家/地区	税收滞纳金	月利率	年化利率	最高限额
中国大陆	每日千分之五	15%	182.5%	无上限
中国台湾地区	每两日 1%	15%	182.5%	30%
日本	两个月内：特定+1；超出两个月：特定+7.3%	0.61%	7.32%或 14.6%	86.38%
德国	每月 0.5%	0.5%	6%	30%
美国	每月 5%	5%	60%	25%（欺诈 75%）

一是税收滞纳金征收率不应保持固定不变，而是应当根据税款滞纳期间，逐步提高征收比例。若采用当前固定比率每日千分之五的做法，虽然税收滞纳金征收比例年化达到 182.5%，但是对于纳税义务人并没有欠缴税款缴纳的压

力，也未能顾及部分纳税义务人短期资金困境的情况。建议税收滞纳金改为：第一个月按照每日千分之一征收，月利率3%；第二个月按照每日千分之五征收，月利率15%；第三个月按照每日百分之一征收，上限为月利率30%；税款无正当理由逾期三个月以上，移交司法机关立案处理（申请延期、分期、或提供纳税担保的除外）。

二是税收滞纳金设定征收上限，我国台湾地区《税捐稽征法》规定："逾期缴纳税捐应加征税收滞纳金的，每逾期2日按税额加征百分之一税收滞纳金，逾期30日仍未缴纳税款的，移送法院强制执行，对逾期的纳税义务人以应纳税额的百分之十五为上限"（陈长文，2003）。根据表11-1所示，日本税收滞纳金上限为86.38%，其次为美国的75%、德国和中国台湾地区的30%。税收滞纳金是催促税款缴纳的手段，而非国家扩展财政税收的途径。建议严格税收行政刑罚3个月移送的规定，同时减轻纳税人负担，将税收滞纳金最高限额规定为48%。

三是按照纳税义务人纳税等级、结合欠税情节，给予纳税义务人税收滞纳金征收率适当的变通。例如，参照前文所述税款延期缴纳的"会计报表"标准，设定税收滞纳金中止、终止或者期间扣除制度，给予税收滞纳金征收率较大的自由裁量性。

二、引入税收附带债务税收利息制度

《2015税征草案》第五十九条提出了税收利息制度①，自此税收滞纳金制度由原来的集合"利息补偿性"和"行政执行罚"性质一体分拆为税收利息和税收滞纳金。

二是对于理论界秉持的税收滞纳金不同学说，包括补偿说、利息税、行政处罚说、行政执行罚说，甚至是其中两种学说或者三种学说的"复合学说"较大的厘清（王语心 等，2017）。笔者依据域外税收利息制度文献，整理分类如表11-2所示。

---

① 第五十九条：纳税人未按照规定期限缴纳税款的，扣缴义务人未按照规定期限解缴税款的，按日加计征收利息。税收利息的利率由国务院结合人民币贷款基准利率和市场借贷利率的合理水平综合确定。纳税人补缴税款时，应当连同税收利息一并缴纳。

表 11-2　中国与域外税收利息利率一览表

征收方式		国家/地区	税收利息	大致水平
单利	中国大陆	按日	银行存款利率和市场利率合理水平	（5%＋24%）/2＝14.5%
	日本		1.90%（2017 年年底年化率）	1.90%
	德国	按月	0.5%（每月）	6%
复利	美国	按日	联邦存款利率＋3%（大公司＋5%）	4.25%或 6.25%
	中国台湾地区		邮政存款利率（2017 年年底年化）	1.37%

　　笔者认为，税收利息制度的引入主旨在于缓解当前的税收滞纳金性质不清、执法尴尬的局面，而研究的重心回归如何提高欠缴税款征收的效率问题。但是，税收利息和税收滞纳金毕竟是一体（原税收滞纳金制度利息性和行政性一体）的两面（补偿面和执行面），完善税收利息的制度设计可以提高税收滞纳金的行政效率。税收利息制度的完善可以从以下几个方面施行：

　　一是整体上降低税收利息的利率水平，税收利息的利率由银行存款利率结合通货膨胀率进行考量。税收利息是公平和效率的价值平衡，由于税收滞纳金已经提高了对于占用国家税款惩罚的力度，将征收率由原来的每日万分之五提高到了每日千分之五。利息的本意是对货币占用的补偿，此补偿应以银行贷款基准利率为主要考量，而税务机关的自由裁量权"银行利率和市场利率合理水平"，未免重复设置了处罚。

　　二是税收利息对企业法人和自然人等不同纳税主体应该进行区分，企业的税收利息可以适当地高于自然人；并且区分滞纳税款的金额标准，对小金额的滞纳税款采取较低比率税收利息；对于较大金额滞纳税款采取高一些的税收利息，建立税收利息制度的弹性机制。

　　三是取消《2015 税征草案》第五十九条："税收利息与税款配比征收"的规定，违反了税收优先权的法律原则，税收利息是对于税款占用的补偿，不能损害税款的优先性地位。同时，在补偿金额不足以支付税款、税收滞纳金和税收利息以及税收罚款的情况下，应当优先支付税款部分，减少以此为基础计算的税收滞纳金和税收利息等维护纳税公平。

三、完善税收滞纳金起算、中止与期间扣除

区分纳税义务人税收滞纳金主客观故意，在《2015 税征草案》体现为修改①税收滞纳金的起算时间。起算时间的修改，破除了原有税收滞纳金制度三个方面的弊端：

一是明确了税收滞纳金征收告知程序，《税务稽查工作规程》第五十六条第 5 款和第 6 款明确告知了纳税义务人税款金额、缴纳期限、滞纳金时间、计算方法等。以征收税款决定期限届满之日起算，有明确的法律文书制作和告知程序。

二是明确了税收滞纳金是以纳税义务人不存在违法阻却事由为前提，税收滞纳金的征收是以税款的征收决定为前提的。《税务稽查工作规程》第五十六条第 3 款和第 4 款规定了写明纳税义务人税收违法事实、处理决定及依据，充分考虑了税款欠缴的纳税人主观过错。

三是衔接税收滞纳金延期、分期缴纳的端口，税款征收决定书包含了告知纳税义务人不按期履行的责任、申请行政复议或者提前行政诉讼等，税收滞纳金通过《税务处理决定书》的形式，将申请税收滞纳金延期、分期，或者免除提供了救济途径。

税收滞纳金计算的中止与期间扣除情形在《2015 税征草案》中没有明确规定，即税收滞纳金起算后，只要税款和税收滞纳金没有配比入库（税务机关在实践中有自由裁量权），无论何种情况没有中止计算。参照《行政强制法》第三十九条②的规定、行政强制法第四十条等规定了执行税收滞纳金"特殊困难"的条款，《税收征管法实施细则》第四十一条亦有"特殊困难"的规定：纳税人有下列情形之一的，属于《税收征管法》第三十一条所称的"特殊困难"：

一是因不可抗力，导致纳税人发生较大损失，正常生产经营活动受到较大影响的。

二是当前货币资金在扣除应付职工工资、社会保险费后，不足以缴纳税款的。综合整理税收滞纳金相关法律法规，笔者认为，税收滞纳金的中止和终止条件可以参照表 11-3。

---

① 参见：《2015 税收征管法草案》第六十七条将税收滞纳金征收日期由原来的"从滞纳税款之日起"修订为"纳税人逾期不履行税务机关依法作出征收税款决定的，自期限届满之日起"。

② 参见：强制执行过程中没有发生社会危害性，当事人确无能力履行的，中止执行满三年不再恢复执行。

表 11-3　税收滞纳金中止与终止的制度建议

	税收滞纳金中止、终止制度	
	中止	终止
强制措施与保全	√	
行政复议期	√	
行政听证期*	√	
行政诉讼期	√	
不可抗力原因	√	√
破产期		√
无力清偿		√
延迟履行期		√
分期履行期*		√

注：＊为现行法律制度空白。

税收滞纳金中止计算的情形可以比照《2015 税征草案》第六十条关于税收利息中止计算的规定。税收滞纳金计算终止制度，《税收征管法》对纳税人因特殊原因而滞纳税款的行为，没有减免税收滞纳金的空间。参照《行政强制法》第四十二条规定，税务机关可以与纳税人达成执行协议，约定分阶段履行，纳税人采取补救措施的可以减免加处的滞纳金。笔者认为，税收滞纳金终止（或者说处于不可抗力、破产清算、无力清偿、延期或者分期履行）情形的，确有证据能证明纳税义务人主观不存在过错，应当终止征收税收滞纳金。

四、取消税收滞纳金行政复议与诉讼前置程序

《行政强制法》中将滞纳金定性为行政强制执行方式，根据《行政复议法》和《行政诉讼法》的规定，行政滞纳金既可以提起行政复议，又可以直接向人民法院提起行政诉讼，行政相对人具有选择权。而税收滞纳金在《税收征管法》中被定性为"行政秩序罚"，其目的是促进欠缴税款的缴纳。国家税务总局规范性文件将税收滞纳金表述为"征税行为"，行政复议是行政诉讼的强制程序，并且现行《税收征管法》（非《2015 税征草案》）要求纳税担保或者缴纳税款是行政复议和行政诉讼的前置条件，这两个前置被称为"涉税救济双重前置"。

笔者认为，应当取消税收滞纳金行政复议前置与税款缴纳双重前置程序。

一是按照《中华人民共和国立法法》第八十五条规定，法律之间对于同

一事项的"新的一般规定"和"旧的特别规定"不一致时，由全国人大常委会裁决，在未裁决之前，从行政法保护私权利的立法原则出发，选择有利于纳税义务人有利的法律为宜。《税收征管法》和《行政强制法》属于人大常委会制定法律，同一位阶。《税收征管法》属于"旧的特别法"，规定了税收滞纳金的双重前置程序。《行政强制法》属于"新的基本法"，规定行政滞纳金享有行政复议或者行政诉讼的选择权。

二是从税收滞纳金的程序合法性角度考察行政复议前置，根据《行政强制法》规定，税务机关加处滞纳金应当将滞纳金的标准告知当事人，强制执行之前应当履行催告义务。税务机关依据签订的"委托银行划收税费协议书"格式文件，按照纳税人欠缴税款金额，直接从纳税人银行账户划扣，不符合行政强制法程序合法性要求。行政程序违法致使行政行为无效，基于无效行政行为产生的行政复议前置程序应当取消。

三是税收滞纳金性质的不同于税款，并不当然适用行政复议前置程序。根据 1998 年国家税务总局规范性文件《关于税款加收滞纳金问题的回复》规定，税收滞纳金不是处罚，而是应缴纳税款的补偿，将税收滞纳金理解为补偿税说。当然也有学者理解为"执行罚税"说、"利息税"。

结合《2015 税征草案》新增"税收利息"的条款来看，税收滞纳金不再具有利息税或者补偿税的性质，更多是作为"行政催促"手段适用，所以依据"税款部分说"理论基础不再存在，相应的税收滞纳金行政复议前置程序和税款缴纳前置程序亦应当取消。

第二节　完善税收滞纳金与相关法律的衔接

一、与行政法衔接

理论界不乏支持税法学为行政法学"特殊部门法"的观点，其理由为：税法关系的主体为国家与纳税义务人，双方地位的非平等性决定了税法学作为行政法部门法学的分支。笔者认为，税收滞纳金及税收制度具有自身特殊性，应是独立的税法学学科。因为随着经济发展，特别是纳税人权利保护观念的提出，税法学的"纳税公平"意识和民法调整适用为其成为独立法学科提供了基础，且税法学独立理论在日本和德国得以发展印证。

税收滞纳金制度作为独立的学科制度，其与行政法制度衔接应当表现为以下三点：

一是《2015 税征草案》第四十六条规定税务机关应当建立纳税人适用税法的预约裁定制度。纳税人对预期未来发生、有重要经济利益关系的特定复杂事项，难以直接适用税法制度进行核算和计税时，可以申请预约裁定。……纳税义务人遵从的免除缴纳义务，相应的税收滞纳金免除缴纳义务。税收滞纳金或税收"预约裁定"制度是税务机关对现行税法漏洞弥补的过程，本身作为税务机关的规则不具有可诉性①。若税收滞纳金事先裁定制度未明确规定救济途径，预约裁定制度很可能会陷入维权难的境地，建议完善该条款与《行政强制法》的衔接；

二是《2015 税征草案》第一百零四条第 2 款②，达成"执行协议"可以理解为税收"和解程序"，而和解程序的主体为《2015 税征草案》第十七条规定的各级税务局、税务分局和税务所。鉴于税务稽查局大量存在并参与税收和解的事实，建议在税收征管法中增加税务稽查局的主体地位，避免执法主体失格的风险。

三是税收滞纳金制度与行政强制法衔接在"退税制度"中，不仅限于《2015 税征草案》第八十五条"纳税人超过应纳税额缴纳的税款，自结算缴纳税款之日五年内可以向税务机关要求退还多缴的税款并加算银行同期存款利息，税务机关及时查实后应当立即退还"。各国税收债权的时效制度普遍采用权利消灭主义，因此纳税人对"不知征收期限届满"而缴纳的税款，笔者认为得以"权利消灭"，请求税收之债不当得利请求返还。例如《德国税收通则》第二百三十二条、《日本国税通则》第七十二条均有此规定。

四是税法制度与行政法的衔接。建议取消"行政复议"制度，所谓行政法原则——"穷尽行政救济"只是行政机关效率优先的假设，纳税人"理性经济人"的选择权行使是市场效率的根本。同时，《行政复议法》第三十条规定：公民、法人或者其他组织认为行政机关的具体行政行为侵犯其已经依法取得的土地、矿藏、水流、森林、山岭、草原、荒地、滩涂、海域等自然资源的所有权或者使用权的，应当先申请行政复议，对行政复议决定不服的，可以依法向人民法院提起行政诉讼。其并未将税务行政行为列入行政复议前置的范围，笔者建议税收滞纳金权利救济的行政复议和行政诉讼"双重前置"制度予以取消。

---

① 笔者认为，税收滞纳金预约裁定为行政合同性质，区别于行政执法行为与税务机关市场服务职能的定位。

② 《2015 税征草案》第一百零四条第 2 款规定，纳税人有特殊困难不能及时完全履行纳税义务的，税务机关可以与纳税人达成执行协议，约定分阶段履行；纳税人采取补救措施的，可以减免加处的罚款或者税收滞纳金。

税收滞纳金制度并非行政处罚，笔者认为，税收滞纳金制度是税法学独立制度。税收滞纳金的强制执行是指税务机关对逾期不缴纳纳税义务的纳税人依法采取的强制手段催促其履行纳税义务的具体行政行为。《税收征管法》第四十条规定了税务行政自力强制执行和由税务机关提请人民法院他力强制执行。又《中华人民共和国行政强制法》（以下简称《行政强制法》）第二条①规定、《行政强制法》第九条②的规定、《行政强制法》第二条第 3 款③规定行政强制执行分为代执行和执行罚的间接执行和对财产银行存款强制扣缴与对扣押、查封的财产依法拍卖和变卖的直接执行。《中华人民共和国刑法修正案（七）》将刑法第二百零一条做了相应修改，"纳税人采取欺骗、隐瞒手段进行虚假纳税申报或者不申报，逃避缴纳税款数额较大并且占应纳税额百分之十以上的，处三年以下有期徒刑或者拘役，并处罚金；数额巨大并且占应纳税额百分之三十以上的，处三年以上七年以下有期徒刑，并处罚金。扣缴义务人采取前款所列手段，不缴或者少缴已扣、已收税款，数额较大的，依照前款的规定处罚。对多次实施前两款行为，未经处理的，按照累计数额计算。有第一款行为，经税务机关依法下达追缴通知后，补缴应纳税款，缴纳滞纳金，已受行政处罚的，不予追究刑事责任；但是，五年内因逃避缴纳税款受过刑事处罚或者被税务机关给予二次以上行政处罚的除外。"我国没有行政刑法典，但有关于税收犯罪的规定，如刑法典有 10 多个条文规定了以违反税款征收为前提的犯罪诸如逃税罪、抗税罪、逃避税款征收罪、骗取出口退税罪等。由于税收滞纳金制度中恶意欠缴、漏缴和抗缴纳税款及滞纳金的行为既违反了行政法，又违反了行政刑法规范，这就导致行政刑法规范中的法律后果部分具有自身的特点，即许多行政刑法规范在法律后果部分除规定了法定刑以外，还同时规定按行政法的规定追究行政法律责任。从理论上讲，只有全面追究犯罪分子的法律责任，才能有效地打击税收征管犯罪。而行政犯罪的双重违法性决定了其责任的双重性，即"既要追究刑事责任，又要追究行政责任"（张明楷，1995）。

---

① 行政强制措施，是指行政机关在行政管理过程中，为制止违法行为、防止证据损毁、避免危害发生、控制危险扩大等情形，依法对公民的人身自由实施暂时性限制，或者对公民、法人或者其他组织的财物实施暂时性控制的行为。

② 强制措施的种类：限制公民人身自由；查封场所、设施或者财物；扣押财物；冻结存款、汇款；其他行政强制措施。

③ 行政强制执行，是指行政机关或者行政机关申请人民法院，对不履行行政决定的公民、法人或者其他组织，依法强制履行义务的行为。

二、与刑法修正案衔接

文中所引用"司法案例"中税收滞纳金判决结果的截然不同，使得探讨对欠税的主客观故意情形的辨析成为必要。在 20 世纪 80 年代，英国反避税"威斯敏斯特（Westminster）原则"在英国税法上处于无可争议的地位，Westminster 原则的核心内容是形式重于实质的原则，维护税法的稳定性成为其基本价值。税收滞纳金规定的"税款欠缴产生税收滞纳金"是税收滞纳金的明确文义，为其形式。而对纳税人是否具有主观上的欠税故意这一实质因素在所不问。虽然有 Westminster 原则的存在，但是随着纳税财政收入的扩张要求及纳税人权益博弈的变化，英国税务局仍然认可从一般的普遍性认知角度寻找纳税的依据，称为"Westminster 原则的例外"。我国税法将这一例外原则称为"实质课税原则"。税收滞纳金的表现形式为按每日千分之五的征收率征收，实质内容税收滞纳金表现为促进税款征收之手段。从税收征管实践和税法实质原则两方面来看，税收滞纳金的纳税义务人的主客观故意情形均要求考虑在内。

税收征管实践中，税务机关出于及时完成税款入库的目的与纳税义务人和解，同意纳税人在不缴纳税收滞纳金及税收罚款的情况下，履行税款缴纳的义务。税法实质原则要求纳税义务人是知道或者应当知道纳税义务，而设置了税收文书的制作和送达制度，税收滞纳金不以纳税义务的认知和客观不能，一律征收税收滞纳金违背纳税公平原则。税收滞纳金制度与刑法修正案的衔接完善体现在：

一是刑法实践中，严格税收征管法实施细则中关于 30 日移交行政刑事衔接，协同打击税收违法犯罪的规定，一方面借鉴国外税收滞纳金制度经验，将税收滞纳金征收比例控制在 48% 范围之内（征收率期限累计原则，三个月为征收上限）；另一方面是税务机关严格按照相关制度期限和程序向公安机关移送涉税犯罪案件，依法建立刑事司法信息共享平台。

二是立法技术中，税收滞纳金因过失造成未缴或者少缴纳税款的，承担比逃避缴纳税款较轻的法律责任，减少纳税义务人负担。

三是在危害税收征管犯罪的刑法条文中，明确税收滞纳金制度区别于税收在逃税罪、抗税罪、逃避缴纳税款罪，以及发票类犯罪等 14 个条文中的运用。

《中华人民共和国刑法》（以下简称《刑法》）分则专门在"破坏社会主义市场经济秩序犯罪"中规定了"危害税收征管罪"，包括"直接侵害税收"的犯罪以及"发票类犯罪"。从趋势上看，我国对该类犯罪的规定趋于全面和严厉。厘清税收滞纳金刑事责任中危害税收征管罪适用规则对税收滞纳金制度研究和预防税收征管类犯罪有所裨益。

第一，逃税罪的行为特征是不履行纳税义务，方式可以是积极行为也可以是消极不作为，侵犯的客体是我国的税收征管秩序。税收滞纳金制度为我国税收征管秩序之一。税收滞纳金司法中，对于非逃税目的欠缴税款引起的税收滞纳金案件不应认定为刑事案件，但是存在主观故意，侵犯税收滞纳金税收征管秩序的行为构成本罪。《刑法》第二百零一条规定主体要件包括自然人和法人，也包含扣缴义务人和纳税人。主观要件一般是故意，是在故意的心理状态下进行虚假的税务申报或者不申报的行为。逃税罪当事人的真实交易，可能会出现因为交易相对方有两个以上的增值税开票主体，合同是与甲的 A 公司开具，而发票误用甲的 B 公司开具，此时的"虚开增值税专用发票"，基于真实业务非主观直接目的逃避国家征税的行为认定，从逃税罪限缩解释的角度，不具有主观目的性的逃税动机，应不构成本罪。根据《刑法修正案（七）》的规定，罪名由偷税罪改为逃税罪，已经构成犯罪不予追究刑事责任的需要同时满足三个条件：非 5 年内+2 次以上因逃税受过行政处罚+补缴税款和缴纳滞纳金。另外，行为人非法购买和使用部队车辆号牌少缴或者不交车辆购置税等情节严重的，根据规定，逃税罪与非法买卖军用标志罪可以数罪并罚。

第二，抗税罪与妨害公务罪是特殊法条和一般法条的关系，抗税罪的主体为特殊主体，具备刑事责任能力负有纳税义务或者扣缴义务的自然人。笔者认为，单独存在的"税收滞纳金"抗税不构成抗税罪，但可以构成妨害公务罪，造成人员重伤的则可能会构成故意伤人罪。抗税罪之"税"界定遵循文义解释优先原则，不能做任意扩张，税收滞纳金是对税款欠缴的行政执行罚，并不能当然等同于"税种"的范围。本罪是作为犯和不作为犯的结合犯，可参见抗税罪罪数辨析。关于罪数问题，实施抗税行为人致人重伤、死亡，构成故意伤害罪、故意杀人罪的，只以故意伤害罪、故意杀人罪论处。如果是过失犯罪，则构成抗税罪和过失致人重伤罪、过失致人死亡罪数罪并罚。处理既逃税又抗诉的罪数竞合时，通说为两笔税款的构成数罪并罚。如果是同一业务的税款，那么抗税罪和逃税罪想象竞合，择一重罪处理。另外，抗税罪表现为违反税收法规的行为，如果行为没有违反税收法规或者没有暴力阻碍税务人员征税，而是以各种理由为借口进行抵制和消极的不纳税，不能以抗税罪论处。

第三，逃避追缴欠税罪专指转移财产和隐匿财产，致使税务机关无法追缴欠缴的税款，数额在 1 万以上的行为。该罪为结果犯，如果行为人没有给税务机关造成追缴工作的难度，则不构成本罪。欠税无法追缴的金额不达定罪标准的，由税务机关依法做出行政处罚。税收滞纳金与税款、税收利息和税收罚款一并征收，属于税款的一种，若逃避追缴数额达到标准，可以构成逃避追缴税款罪，如果骗取的税款超过所缴纳的税款，超过部分构成骗取出口退税罪，与逃税罪实行数罪并罚。一个行为触犯两个罪名想象竞合，本应该择一重罪，法律特别规定数罪并罚。另司法解释规定"有进出口经营权的公司、企业，明知他人意欲骗取国家出口退税款，仍违反国家有关进出口经营的规定，允许他人自带客户、货源、汇票并自行报关，骗取国家退税款的"，依照骗取出口退税罪论处。

第四，骗取出口退税罪包括两种法定情形，一是纳税人缴纳税款后骗取所交税款的，二是纳税人为缴纳税款而骗取国家出口退税款的。按照《刑法》第二百零四条的规定，骗取出口退税罪分为三种情况，笔者认为，税收滞纳金为依据税款欠缴产生的附属义务，不具有骗取退还的可能，故不适用骗取出口退税罪之可能。

第五，《中华人民共和国刑法》第二百零五条规定，虚开增值税发票、用于骗取出口退税、抵扣税款发票罪的犯罪构成和量刑适用。《刑法》第二百零八条规定了非法购买增值税发票、购买伪造的增值税专用发票的，可参见发票类犯罪罪数辨析。发票的犯罪罪数问题，针对真实的增值税专用发票，虚开增值税发票与骗取出口退税和抵扣增值税进项发票的情况，非法出售增值税专用发票罪和徇私舞弊罪竞合的情况，税务机关工作人员违反法律法规向不合格的纳税人发售增值税专用发票牟利的，以非法出售增值税专用发票罪定罪量刑。关于虚开发票类犯罪，根据《最高人民法院关于审理骗取出口退税刑事案件具体应用法律若干问题的解释》中的规定，如果仅仅形式上具有虚开发票行为，而客观上未造成也不可能造成税收损失的，不能认定为虚开发票犯罪。本罪与骗取出口退税罪、逃税罪的界限在于有无主观目的将虚开的发票用于骗取出口退税、抵扣进项税款。如果有主观目的，认定构成本罪和他罪的牵连犯从一重罪。如果没有主观故意，则不能从一重罪。虚开增值税发票罪与盗窃罪存在转换的情况是：通过盗窃增值税专用发票的形式骗取退税或者抵扣进项税款。与诈骗罪转换的情况是：适用欺骗的手段骗取增值税发票用于骗取退税或者抵扣税款的。主观故意性也是衡量发票类犯罪是否适用税收滞纳金制度的条件之一。

三、与公安机关衔接

公安部与国家税务总局于 1997 年联合颁发《公安部 国家税务总局关于严厉打击涉税犯罪的通知》，该文件明确了部分涉税事项的公安协助范围：包括建立涉税案件移送制度、定期或不定期召开联席会议形式、暴力抗税事件快速反应机制和公安涉税犯罪队伍专业培训制度等。遗憾的是公安机关承担社会治安和秩序事项，主要负责刑事侦查、移送和其他"准司法"工作而无心顾及涉税犯罪，且涉税犯罪其危害性外在直观表现不及其他暴力犯罪行为，公安机关难以集中力量专项处理涉税案件。《2015 税征草案》第九十二条①对涉税事项中非刑事案件，规定了公安部门职责范围，建立了初步的公安机关衔接机制。

笔者认为，税收滞纳金制度中公安协助范围除了可以适用 1996 年颁布实施的《中华人民共和国行政处罚法》第二十二条和《刑法》第四百零二条的规定外，还应当明确税收滞纳金的"入刑标准"及公安机关"协助范围"。

一是根据 1997 年《公安部、国家税务总局关于严厉打击涉税犯罪的通知》文件第四条的规定，加强公安队伍的涉税专业知识培训、将有税务专业知识的人员扩充至公安队伍的最好方法是建立一支专业的"税务警察"队伍。可以参考海关稽私警察队伍建设经验，税务警察对税收刑事案件管辖以及相关侦查、拘留、逮捕、预审和其他系列刑事司法权力。另外可以借鉴美国联邦税务局内设"刑事调查局"的方式，使其专职负责涉税犯罪案件，与普通治安警察无异②。

二是明确税收滞纳金的入刑标准，如前文所述，税收滞纳金毕竟不同于国家完全强制力的税收，税收滞纳金是一种基于税款欠缴而产生的行政秩序罚。对于已经缴纳税款，而拒不缴纳税收滞纳金达到一定数额的③，税务行政处理决定下达仍拒不执行且未提起相应行政复议与行政诉讼的（三条件同时具备方可），可以作为税收滞纳金入刑的标准之一。

三是税收滞纳金公安协助范围除《税收征管法》规定的强制检查与调查

---

① 税务机关实施强制检查、调取证据，应当在公安机关协助和保护下进行，公安机关应当予以协助和保护。

② 美国是世界上最早建立税务警察制度的国家之一，美国税收警察也称为财政警察，业务管理由财政部负责，佩戴枪支执行公务。

③ 参见国家税务总局关于发布《重大税收违法案件信息公布办法（试行）》，国家税务总局公告 2014 年第 41 号，第五条第（三）款规定：查补税款金额 500 万以上的。

取证两项之外，在工作实践中，税务机关还可能将发现的重大涉税违法线索移送公安机关。因为若公安不及时将犯罪嫌疑人控制起来，将会使得案件无处可查、无人可查的被动局面。因此税务机关请求公安机关"提前介入调查"或者"拘留"应在协助范围之内。

四、与司法机关衔接

司法机关工作人员不直接从事税收工作或不专门受理司法税收案件，要想全面、准确理解税收相关法律法规、规范文件和学理学说是一件比较困难的事情。税收滞纳金问题具有复杂性，文中所引税收滞纳金司法案例显示，司法机关审判人员由于缺乏税收专业知识，在实际案例审判中很难准确处理。因此，笔者对税收滞纳金制度与司法机关衔接的建议有以下几点：

一是破除司法机关整体自由裁量权受到国家税务总局规范文件的影响，国家税务总局的发文的法律位阶低于法律、法规，仅具有学理解释的效力，援引时不能与效力等级高的法律、司法解释、法规、部门规章相悖。

二是建立法官的个别自由裁量权的过程监督制度。虽然按照《中华人民共和国刑事诉讼法》规定，审判人员的审批权力受到检察机关的监督。但是实践中，合议庭或者法官的决议过程是保密的，合议的信息也不会公开或者后续才会公开披露，现实的监督只能在审判结果中窥探案件的审理全貌。建立过程中的"司法监督"对于税收滞纳金案件选择客观、公正的适用法律法规具有促进作用。

三是司法机关的介入遏制行政权力的滥用，提高行政效率的有效途径。

随着现代国家的行政任务增加，政府财政紧缺，越来越多的国家积极寻找更为经济的行政行为，行政义务实效营运而生，其中包括诚信信用惩戒、法人约谈、入学征兵限制等。实际上，行政义务在税收征管过程中，扮演着行政机关借助非正式行政手段干预纳税人"民事权利"的角色，是对传统的公私二元对立规则等标准化行政行为形式的突破。笔者认为，税收滞纳金行政诉讼司法中，除了实行"行政义务"的举措外，还应当一方面鼓励司法机关通过和解、调解解决纳税争议，这是双方在各自利益均得到照顾的情况下达成的最佳折中结果，具有其他纠纷解决方式所不具有的优势（张一雄，2014）。另一方面，促进税务机关与法院签订司法与税务行政衔接机制备忘录，实现税务机关与人民法院司法机关围绕信息共享、协助执行、多元化纠纷解决等方面形成机制安排，通过涉税审判队伍专业化建设、司法部门和税务部门工作衔接等措施改革税收司法保障。

五、与民法衔接

税收优先权制度是税收征管法为防止不法纳税人逃避纳税行为，保障国家财政而确定的税收相对于其他债权的一般优先权制度。税收滞纳金制度是否适用优先权制度，需要从优先权的含义、内容以及优先权制度的例外等方面进行分析。首先，根据《税收征管法》第四十五条规定，税收优先权先于无担保的普通债权，但是《中华人民共和国破产法》规定的纳税人所欠工资和劳动保险费用优先于税收；税收优先权优先于抵押权、质权和留置权，即优先权的对抗效力来源于时间在先标准；税收优先权优先于罚款、没收违法所得。虽然《税收征管法》第四十五条并未明确税收滞纳金的优先权原则，但是从立法技术上看，税收优先于罚款，是因为税收不具有自由裁量权，而罚款可以在一定的幅度内结合情节自由裁量。税收滞纳金制度规定，从税收决定期限届满之日起按照每日千分之五征收。从欠税金额、征收期间、征收率等因素看，税收并无自由裁量权的存在。因此笔者认为税收滞纳金同样适用税收优先原则的适用。其次，税收滞纳金优先原则是否是对税收优先原则的全盘适用呢？答案是否定的。笔者特提出以下建议：

一是建立税收滞纳金制度并与民法衔接，建立税收滞纳金一般优先权和特定优先权制度。税收滞纳金优先权可以有限地主张向动产债权优先，而限制或者禁止向不动产物权主张，保证善意第三人基于信赖原则的交易安全。

二是增加税收滞纳金优先原则适用的时间例外。优先权优先于抵押权、质权和留置权设立在欠税之后的担保物权，这一时间限制对于市场交易安全是不利的，建议将时间更改为"欠税公告时间"，建立税务机关与担保登记机关的"信息交换"机制。

三是明确税收滞纳金优先权适用的范围例外，明确税收滞纳金在破产清算及优先权诉讼中的法律地位。税务机关可以作为诉讼主体提出税收优先权的诉讼，在通过法院行使撤销权、抵销权等清偿行为的情况下，确保纳税义务人享有拒绝不符合行使程序（牟现宏 等，2019）、不具有形式正义的优先权适用。

六、居委会功能衔接

《2015 税征草案》第三十七条规定，税务机关根据有利于方便纳税和降低税收成本的原则，可以委托有关单位代征税款。签订代征协议就范围、标准、期限和法律责任做出安排，颁发委托代征证书并公示。同样在美国，美国联邦国税局为确保税收滞纳金征收效益，按照《美国联邦税法》规定，指定了

"PDC 私人债务征收计划①",但是也存在以下几方面的问题:

一是缺乏国税局的推荐单位;

二是纳税人征收程序过分依赖 PCA 的自述报告;

三是美国国家税务局(IRS)避免税务信息外泄给税务欺诈留下隐患。

相较我国居委会衔接纳税义务人与税务机关的天然的优势,其一定程度上规避了美国"PDC 私人债务征收计划"的单位少、信息泄露隐患等问题。而我国"居委会协助税收滞纳金征收"功能则具有以下优势:

第一,居委会了解所在社区居民的居住习惯、家庭状况,便于税务机关与纳税义务人(指公司负责人而非法人主体)沟通。有助于第一时间了解纳税人因不可抗力或者罹患重症的情况,这也给税收滞纳金的"减免申请"带来最真实的审查;

第二,居民委员会的定位是"居民之家",但是由于居委会经费依靠街道办事处和政府的拨付,没有财务自主权。"税收征管的居委会债务征收计划"可以帮助实现居委会的财政独立。根据《中华人民共和国居委会组织法》的规定,居委会实现居民自治的途径主要有管理职能、服务职能、教育职能和监督政府职能。税收滞纳金"居委会债务征收计划"是居委会履行社会服务职能的体现。

第三,相比于部分学者将居委会视为政府部门的"间谍",侧重于发挥"协税护税"的观点不同,笔者认为,"居委会私人税收征收计划"是类似于大力发展《注册税务师资格制度暂行规定》一样的税务代理制度。居委会发挥税务中介服务职能,可以向纳税义务人提供税法宣传、税收政策咨询、纳税辅助以及税收法律援助等服务。

第三节 明确税务行政及司法机关的权利与义务

一、税务机关加强税收滞纳金宣传力度

2019 年 4 月是我国第 28 个"税收宣传月",国家税务总局通过走进学校开展税宣互动、开展模拟法庭普法、与居委会签订共建税务课堂、开展重点税

---

① 具体规定为:征收美国国税局案件平均账龄在 4 年的无法征收的非特定应收税务账款。根据税务联合委员会的估计,2018 年 5 月 31 日的 PDC 税收债务私人征收计划将达到 5 660 万美元。

源企业上门走访等活动持续开展税收宣传。应当加强税收滞纳金的宣传教育力度，使纳税义务人充分认识税收滞纳金制度，强化纳税人成本意识，提高社会的"纳税遵从度"。提高纳税遵从度对于降低征税成本的效果是显著的，税收滞纳金制度的宣传就是提高纳税遵从度的非常重要的路径。纳税遵从度低的原因在于部分纳税人不懂法而淡薄法，直到被告知产生巨额税收滞纳金才悔不当初。事实上，税务机关没有普及税收滞纳金宣传也是对纳税义务人"知情权的侵害"，信息不对称加重了纳税义务人的税收负担。另一方面，当前部分纳税人把不纳税从源于违法成本过低，基于纳税人是"理性经济人"假设，当纳税义务人认识到违法成本小于守法收益的时候，会促使纳税人选择不依法纳税。《2015 税征草案》第八十六条规定的税收滞纳金每日千分之五征收率，大大高于银行贷款基准利率，宣传税收滞纳金制度的高惩罚性可以使理性经济人选择更优的"依法纳税方案"。

在税收滞纳金宣传实践中，相关宣传工作并未做到实处、落在实地。虽然税务局经历 28 个"税收宣传月"的努力，税收咨询电话"12366"仍然经常处于占线状态，临近申报期（每月 15 号前几天）更是爆满。税收咨询窗口数量设置有限，不能及时为纳税人提供咨询服务。据笔者了解，以苏州市为例，仅有苏州万盛街工业园区、苏州干将路姑苏区等 6 个区设置了咨询窗口。笔者建议根据《2015 税征草案》第六十条签订征税委托协议的规定，可以将税收代征和税收咨询窗口、课堂建在各个居委会，这样既降低了税收宣传成本，又提高了税收宣传效率，多渠道开通税收宣传。美国联邦国税局近三年的平均雇员数量是 2 000 人左右，但是，美国国税局在加强税收政策宣传和提供援助的方式却是多样和高效的，其中包括免费电话线、纳税人援助中心或志愿者项目网站的面对面援助以及使用其他社交媒体渠道（如 Twitter、Facebook、YouTube）的自助服务。为了解决预算下降的问题，国税局继续增加对基于技术的服务和外部合作伙伴的依赖，努力引导纳税人采用最具成本效益的方法提供所需的服务。这种方法允许 IT 将有限的电话和步入式资源集中在客户问题上，这些问题可以通过人与人之间的交互得到解决。国税局的战略计划将通过国税局的努力中发挥重要作用，使纳税人的经验现代化，并允许其有限的工作人员更好地为需要一对一援助的纳税人服务。鉴于此，笔者建议建立我国税收滞纳金宣传"全过程评估"制度，措施如下：

一是引进第三方评估机构评估税务机关税收滞纳金制度宣传效果，将每年的税收宣传月活动落到实处。例如，用数据指标分析媒体发布的广度、转发的频度、评论的力度以及其他可量化、可比对的数据。

二是提升媒体和学校、税务代理机构的参与度。不能税务机关"一方搭台，自己唱戏"，税务机关应当邀请媒体评论、撰稿，联动学校、社区、居委会、税务师事务所等机构，落实税收滞纳金的税收宣传工作。

二、监督机关强化税收监督机制

税收监督机关强化税收征管"内部控制"是保障税收有效运行的必要条件，结合税收滞纳金征收工作，可以从建立税务机关"内部管理员"制度、健全监督机关监督"检查机制"和健全监督事后"考核评价"机制三方面着手。建立内控管理员制度，税务机关根据本单位规模，按照一定比例配备专职税收征管内控的管理人员，避免税收征管员既要负责税收执法又要负责税收监督，保持内控工作的独立性，但是这种独立相比于外部的第三方监管只是一种相对的独立。根据这种内部监督，定期开展监督检查、比对科学的考核指标、进行考核并强化考核结果的实施。对于监督过程中纳税义务人权益侵害的保护方面，税务机关应加强对"敏感"个人税收信息的保护（叶名怡，2018）。

监管机关除了可以采取上述监管举措外，还可以政务公开推动税收滞纳金征收规范，这是税务监督机关完善税收征管的另一途径。

首先，限制税务行政部门自由裁量权滥用，利用行政权侵害纳税人合法权益，可以提升政府信息公开的力度。

其次，监督机关监督税收程序是否平衡了公平和效率、经济和效益。要尽量简化纳税人申请延期、分期和预约裁定的资料，降低税收滞纳金的制度成本。纳税人税收滞纳金涉税信息保护要根据《纳税人涉税保密信息管理暂行办法》规定，各级税务机关有保护纳税人信息安全的义务。破除税务机关以税收征管为中心，促进服务纳税人的思想转变。细化纳税人行政诉讼制度在《行政诉讼法》的规则。同时，建立税收"民事赔偿"制度激励纳税人维权，拓宽"非诉讼救济"途径可以借鉴劳动争议仲裁委员会制度。

三、司法机关规范税收滞纳金的原则与限度

税收滞纳金制度的税务机关"执法"规范：

一是应当坚持税收法定主义原则，不能突破法律的限制自由决定税收滞纳金的征收与否，损害税法权威；

二是税收滞纳金制度具有行政执行罚的特殊性，是以催促纳税义务人尽快履行欠税缴纳为目的。因此税务机关不能忽视在税务处理决定书下达之前与纳税人进行"沟通"，听取纳税义务人的"陈述"，接受纳税义务人的延期申请、

分期申请、减免申请等。

税收滞纳金制度演进路径中关于"司法机关规范"的原则和限度，中国台湾地区采用的方法是通过税法的不断修订，而不是借助税务行政部门（中国大陆税务总局）发布规范性文件的形式，这更符合税收法定原则的要求。中国大陆地区不乏司法机关引用税务总局规范文件的判例先例。中国"注重加强顶层设计和摸着石头过河相结合"的原则，旨在实现法治发展的"实质正义"原则，这一点与英国的威斯敏斯特（Westminster）形式大于实质原则相差较大，我国台湾地区遵循民主体制和"程序正义"，借"形式正义"实现实质正义。笔者认为，"实质正义"原则"可能"为税务总局干扰司法机关裁定税收滞纳金案例的原则和限度的应用、施加"行政指导"压力提供了社会土壤，有进一步"实质课税"原则越"税收形式法定"，而沦为税务部门预设避税立场对抗纳税义务人的工具（刘剑文 等，2014）。

四、设立税务专门法院

税收专门法院也称税务法院，主要任务是通过行使税务诉讼案件审判权，协调纳税人与税务机关就纳税事宜产生的纠纷。目前我国税务局"行政复议机构"在一定意义上承担起"税务专门法院"的职能。根据全国政协委员会第十三届全国委员会第一次会议第3699号文件的答复，我国专门负责涉税案件的"税务法院"有设立的可能。美国是最早设立税务法院的国家，美国税务法院，其前身为1924年设立的"税务上诉委员会"。其一方面受理税收机关认定的纳税人义务人逃税等税收不遵从行为；另一方面受理纳税人向税务法院提起的异议诉讼。

目前，美国税务法院是联邦法院系统的一部分，每年编纂22篇《十恶》，涉及纳税人可能遭遇的商业身份相关的退款损失骗局，尽管美国税务法院减少了90%的税务诈骗电话，但是美国每周仍然有4 000～10 000人称受到诈骗。我国税务行政复议机构类似于美国税务法院——接受纳税义务人异议，做出裁决，若相对人不服，可向人民法院提前行政诉讼①。

笔者认为，降低地方政府和税务部门对税收案件的干扰，维护当事人合法权益，引入税收专门法院具有现实必要性。税务案件的专业性和技术性对税务机关与人民法院建立涉税案件联动机制提出了新要求。为解决日益增长的纳税

---

① 美国、日本、比利时和加拿大等国家规定可向联邦最高法院起诉，做出终审判决，也可以不经税务法院而直接向法院起诉逐级上诉至最高法院。

案件数量与频繁爆发的税务机关与纳税义务人矛盾，应当建立税务法院。笔者通过整理域外税收滞纳金比例与税务法院设立与否一览表 11-4，从数据面论证税务法院建立的必要性。

表 11-4　2014 年域外税收滞纳比例一览表

单位：十亿美元（billion）

	意大利	俄罗斯	德国	法国	日本	英国	西班牙
滞纳税款①	238.7	221	215	171.3	171.1	109.2	107.4
税收（本国币）②	778	31 046	1298	1 143	236 706	695	395
换算率③	1.28	0.01497	1.129 8	1.129 8	0.009 1	1.28	1.28
税收	995.84	464.75	1 466.48	1 291.36	2 154.02	889.6	505.6
税收滞纳率/%	23.96	47.55	14.66	13.26	7.94	12.27	21.24
有无税务法院	无	无	有（财政法院）	有（审计法院）	有（国税不服审批所）	无	无

注：因无法查询到 2014 年各国本币对美元的汇率中间价，此处采用 2019 年 1 月 "月初汇率中间价" 税收换算金额因汇率影响出现偏差。

表 11-4 对比 2014 年各国税收滞纳金金额与税收应收入总额发现，从税收滞纳的绝对金额来看，从大到小依次是：意大利、俄罗斯、德国、法国、日本、英国和西班牙（因为表 11-4 的数据为两份不同来源的数据，为保证数据具有可比性，此处将数据缺失的一些国家删除）。

从税收滞纳率看，从小到大前四分别是：日本的 7.94%、英国的 12.27%、法国的 13.26% 和德国的 14.66%（中国和美国缺少税收总额的数据）。

综上数据结合各国税务法院设立情况，我们可以看到 7 个国家中，有 3 个设有 "税收专门法院"，税收滞纳金的比率均排在前四的位置。可见，税务专门法院对于税收滞纳金制度的建设意义重大。

税务专门法院的设立还可以从价值判断和事实判断的角度分析必要性。审理案件中大多仅适用类似于有无偷税、漏税纳税义务人主观过错、税收程序法是否合规等的价值判断。笔者认为，应纳税款的计算过程也是一个复杂的法律

---

① 数据来源：countries with largest tax evasion amount 2014，source：Richard murphy tax justice network.tax loss-dollor（billions）。

② 参见：IMF . government finance statistics yearbook 2015/EB/OL. 2019. 02-15. http://data. inf. org/？sk＝388DFA60-1D26-4ADE-B505。

③ 汇率中间价数据：https://finance.sina.com.cn/forex/。访问日期 2019 年 02 月 15 日。

适用"实体问题",是涉及税收、税收滞纳金计算的"税务处理认定书"这一"事实行为"判断。目前，法院系统大量缺乏专业税务人才，也缺乏税务法官的培训机制，对于涉税案件中的很多文书制作、税法适用，界定并不清晰。甚至还有司法审判人员不懂税法，不得不求助于所在市的税务机关的情况出现。这种"裁判员"请教"运动员"是否该"吹口哨""亮黄牌"的行为是设立税务专门法院必要性的生动说明。为提高税收滞纳金涉税案件审判的专业性，使执行机关与裁判机关相分离，保持税收司法公正，日本在税务司法中以及在"行政复议"中亦是由"国税不服审判所"处理（金子宏，2004）。

第十二章　我国税收滞纳金制度的立法展望

第一节　税收滞纳金的立法原则

一、坚持科学的立法原则

立法原则是指立法主体据以进行立法活动的重要准绳，是立法指导思想在立法实践中的重要体现。它反映立法主体在把立法指导思想与立法实践相结合的过程中特别注重什么，是执政者立法意识和立法制度的重要反映。立法原则是一种客观存在。立法一般都自觉或不自觉地在一定的原则作用下运作。这既是立法自身的规律使然，也因为立法目的通常在相当程度上需要借助一定的立法原则表现出来。

中国立法总的基本原则，可以从性质和内容的结合上区分为多种。其中法治原则、民主原则、科学原则尤为重要。在坚持中国立法总的基本原则的前提下，中国各方面立法应注意坚持各自的具体原则。就国家或中央立法而论，应注意坚持：

其一，最高立法原则。要注意国家立法在整个立法中居于最高地位，抓住与这一特点相适应的重大事项立法，并使国家立法成为其他立法的根据。

其二，统揽大局原则。国家立法机关应站在中国整个立法的大局上规划和从事立法。

其三，模范立法原则。就地方立法而言，应注意坚持：

（1）需要实行地方立法与可能实行地方立法相结合原则。

（2）本地特色与国家大局相结合原则。

（3）自主立法与执行立法、补充立法与先行立法相结合原则。

立法指导思想是观念化、抽象化的立法原则，立法原则是规范化、具体化的主要的立法指导思想。立法指导思想要通过立法原则等来体现和具体化，立法原则须根据立法指导思想等来确定，两者紧密关联。但两者又有清楚的界限：

其一，立法指导思想是为立法活动指明方向的理性认识和重要理论根据；立法原则是立法活动据以进行的基本准绳。

其二，立法指导思想主要作用于立法者的思想，通过立法者的思想来影响立法活动；立法原则主要作用于立法者的立法行为，通常直接对立法活动发挥作用。

其三，立法指导思想与立法原则也有抽象与具体的区别，不能把两者完全等同起来，不能以立法指导思想代替立法原则。

二、税收立法存在的问题

税收立法是国家立法活动的一部分。与一般的立法的含义相对应，税收立法也有广义和狭义之分。广义的税收立法是指国家机关依照法定权限和程序，制定各种不同规范等级和效力等级的税收规范性文件的活动。狭义的税收立法则是指立法机关制定税收法律的活动。税收立法是由制定、修改和废止税收法律、法规的一系列活动构成的。税收立法管理是税收管理的首要环节，只有通过制定法律，把税收征收关系纳入法律调整范围，才能做到依法治税。税收立法主要包括税收立法体制和税收立法程序两大方面，其中，税收立法体制主要是指立法机关和立法权限的划分。

1.《宪法》中缺乏税收的相关条款，难以实行依宪治税

我国《宪法》第五十六条规定"中华人民共和国公民有依照法律纳税的义务。"笔者认为，这一规定存在的不足或缺失是：首先，它仅强调纳税主体——公民的纳税义务要依照法律产生和履行，并未明确征税主体——国家应依照法律的规定征税，而后者则是税收法定主义更为重要的方面。这种只规定公民纳税义务而忽视公民权利的条款，已不适应社会主义市场经济体制和民主政治的要求。因为市场经济条件下的税收观是权利与义务相对称，即只要纳税人依法履行了缴税义务，便拥有了向政府索取公共物品或服务的权利。长期以来，我国税收法律、法规的"通病"是过分强化纳税人的纳税义务，忽视对纳税人权利的保护，这种弊病与宪法中税收相关条款的缺失有密切关系。其次，在纳税人范围的界定上，与我国同时行使的地域税收管辖权和居民税收管辖权确定纳税人身份的做法不符。改革开放以来，我国市场主体呈现多元化，

纳税人不仅涵盖内资企业，还有外资企业；不仅涵盖中国公民，还有符合法定条件的外国人。《宪法》这一规定具有片面性，在文意上造成中国公民依法纳税是一项宪法义务，而内外资企业、其他单位和外国居民在《宪法》上并无此纳税义务。最后，《宪法》尚未确立税收法定主义原则，这就为不规范的税收立法和税收执法留下了较大的空间。随着我国社会主义市场经济体制的逐步建立，人们逐渐认识到税收法定主义缺失的危害，为了弥补宪法之不足，我国《税收征管法》第三条规定："税收的开征、停征以及减税、免税、退税、补税，依照法律的规定执行；法律授权国务院规定的，依照国务院制定的行政法规的规定执行"。该规定较之《宪法》有关税收的规定，的确是一个很大的进步，但在一定程度上存在税收立法级次较低的缺憾，出现"法律倒置"的错误倾向。

2 缺乏税收基本法的统一和协调

目前我国宪法办与一些单行税法之间形成空当，难以衔接，究其原因，主要是我国目前尚未制定税收基本法（税收母法）。有关税收立法权限、立法程序等最基本和最重要的问题散见于各单行法律规定中，整体缺乏在整个税收法律体系中居于主导地位并统帅其他单行税法，决定国家税收立法、执法、司法活动的基础性法律规范。

3. 税收立法权耗散现象普遍

在《宪法》及《中华人民共和国立法法》（以下简称《立法法》）规定的基础上，我国立法权由全国人民代表大会及其常务委员会行使，但实践中税收立法权的耗散现象严重。我国现行税种除了《中华人民共和国个人所得税法》（以下简称个人所得税法）《中华人民共和国外商投资企业和外国企业所得税法》《中华人民共和国税收征收管理法》和《中华人民共和国农业税条例》四部税法由国家立法机关——全国人民代表大会或人大常委会正式立法外，其余税种均采取由全国人民代表大会及常务委员会授权国务院制定各税的暂行条例或试行草案，再由财政部或国家税务总局制定实施细则或具体的稽征管理办法，即采取授权立法的形式。主体税种如增值税、消费税、企业所得税等均是国务院以暂行条例的形式发布的。按理说既然称"××暂行条例"，它就应当有严格的时间限制，而现行的税收暂行条例短则八九年，长则十几年，其结果是税收法律少，行政法规和部门规章多，立法级次低执行中不得不靠大量的内部红头文件操作实施，社会公众难以通过各种传媒获得涉税信息，缺乏透明度、稳定性和可预见性。这不仅直接影响了税法的效力，还影响了税法应有的严肃性和权威性。反观我国现行税收立法状况，行使立法权的国家最高权力机关，长期授权行政机关立法，涉及的税种量多面广，又未建立相应强有力的监督机制，其行为本身极不妥当。

4. 改革趋前、立法滞后的矛盾较为突出

众所周知，我国目前正处在转型时期，许多税收法律规范仍带有计划经济的色彩。随着改革开放的不断深化，相当数量的税收法律、行政法规已不适应新形势、新情况发展的要求，改革趋前、税收立法滞后的矛盾愈来愈突出。表现在一方面，一些税收法律规范与改革实践发生了冲突，立法妨碍了改革的发展，如《宪法》关于税收法定主义的缺失，内、外资企业所得税双轨运行的弊端等；另一方面，立法严重滞后于税收改革实践，如我国实行的生产型增值税与目前通货紧缩形势背道而驰。此外，改革中出现的新情况、新问题尚无税收法律规范加以调整，如社会保障税、环境保护税、遗产赠与税、反倾销税等方面还是立法空白。

5. 税收立法过程中的"民主赤字"问题较为严重

成熟的市场经济国家在立法程序中普遍设立听证制度来保障公民参与税法制定的政治权利。根据我国《立法法》的规定，立法听证在我国目前仅仅是一种方式，还未成为一种制度，立法过程中的"民主赤字"问题较为严重。实行立法公开与透明，把立法置于"阳光之下"是税收法治化的必要条件。只有让民众参与到事关影响自身重大经济利益的税收立法之中，享有发言权或充分表达其意愿，才能保障纳税人的民主监督权利，更易于获得公民的信任，从而有利于提高人们依法纳税的自觉性和主动性，以利于税法的贯彻实施。

6. 税收立法成本较低，可操作性差

长期以来，由于税收立法行政化色彩浓厚，部门自立章法现象普遍，加之许多税收法规和规章属应急措施，出台仓促，临时性和过渡性色彩浓厚，如筵席税、土地增值税等，缺乏学者、专家和社会公众的广泛参与和严格论证，制定出来的税收法律、法规、规章不相衔接，不但与其他法律不协调，而且有些税种之间相互冲突的现象也时有发生。此外有些税法条文过于笼统，表述不准确，用词不严谨，如"偶然所得""无正当理由"等模糊概念，不仅增加了实际操作的难度，而且客观上也为税收执法的随意性留下隐患，致使在执行过程中，一些"补充规定""补充通知""补充办法"之类的文件层出不穷。立法质量不高，必然导致人们对相关条文理解、解释的多样性，使执法成本增大，不利于税收事业的发展。

7. 有些税种立法技术和手续违反法不溯及既往的原则

税收程序法不仅涉及课税技术和手续问题，也与纳税人的权利义务具有密切关系。一般而言，税法应当在公布后，经过一段时间的宣传，方可生效实施。但长期以来我国在税法建设上存在重实体、轻程序倾向，具体表现在我国现行税收法规和规章的公布、执行方式上归纳起来有"先公布后执行""同时公布和执行""后公布先执行""文到之日执行"四种。其中后三种方式不符合不溯及既往的法律原则。若后公布先执行，先执行的法律依据不充分，没有依据进行课税应属违法行为，公民有权拒绝纳税；若公布后立即实施，就可能造成人们在无从了解税法内容的情况下，承担纳税义务。

8. 税收立法权划分不合理

合理划分中央与地方税收立法权是我国税权纵向治理的一个重要内容。长期以来，我国一直延续计划经济时期所形成的高度集中的中央统一立法体制，既没有针对适应建立社会主义市场经济体制的要求进行调整，也没有因分税制财政体制的实施而作相应的改革。目前地方税的征管权基本上已下划到地方，但立法权、解释权等仍高度集中于中央，地方税立法权有名无实，在现代经济社会中，中央与地方政府之间不应是单向依存，而是上下互动的博弈关系。如果缺少激励相容性，就不能形成纳什均衡。如有些地方政府为争夺税源，违法出台一些区域性的税收优惠政策或随意减免税，在国内形成税收恶性竞争的混乱局面；或是在税收之外寻求财源，导致不规范的"准税收权"——收费权泛滥失控，甚至乱摊派、乱罚款，使得企业、百姓不堪重负，企业和个人的财产权利难以得到保障，受到不规范的政府行为侵害。不仅严重侵蚀了税基，削弱了税收作为地方政府财政收入主要来源的地位，扰乱了国民收入的正常分配秩序，而且严重损害了党和政府的形象。

笔者认为，提高我国税收立法质量，应从总体上构建以《宪法》为统驭，税收基本法为主导，税收实体法和税收程序法为两翼的三位一体的完善税收立法体系。在此法律框架下，税收运行才能实现法治化、规范化。具体建议如下：

（1）修订完善《宪法》中有关税收的条款。《宪法》作为国家的根本大法，既要保持其稳定性和权威性，同时还要根据社会现实的发展变化，及时做相应修改和调整。笔者认为应采取以下四条措施：

一是完善《宪法》中的税收条款，将税收法定主义、税权划分的重大原则、规定写入《宪法》，为依法治税提供坚实的宪法基础。

二是全国人大或常委会应设立税收委员会，充实立法力量。将立法提案、税法修改、重要税法解释权等由立法机关掌握，使其切实履行立法职责。当然，受各种客观因素的影响，在现阶段完全消除授权立法还不现实的情况下，全国人大应限制授权立法的范围，尽快完善授权立法的规则和监督机制。唯有此，才能更好地发挥授权立法的作用，保障其立法的民主性和科学性。

三是提高税收法律草案的审议质量。提高审议人员的素质和税法知识水平是迫切需要解决的问题，若审议水平不提高，税法质量难以保证。

四是加强税收立法和司法解释工作。现阶段立法上的弊端，造成了许多法律规范难以真正付诸实施，应急和补救措施是加强对税收法律法规的疏漏和不明确之处的立法和司法解释工作，最大限度地减少执法的随意性和认识上的误区，切实解决有法不依、有法难依的问题。

（2）尽快制定颁布税收基本法或税法通则。税收基本法是税收法律体系的根本大法，作为宪法精神的延伸，它在税法领域中具有最高法律地位和法律效力。目前世界上一些成熟的市场经济国家通过制定颁布税收基本法来统领、指导、协调各单行税收法律、法规。我们应借鉴别国的有益做法，尽快制定税收基本法，全面规范我国税收法律体系的基本内容，即对税法的立法宗旨、原则、治税思想、国家与纳税人的权利义务，税收立法，税收执法、税收司法，税收诉讼，税务中介等做出明确规定，发挥"税收宪法"的作用。使其对上能够与《宪法》相衔接，对下能够统领和指导其他单行税收法律法规，使税收分配活动的整个过程做到有章可循。

（3）扩大社会公众的民主参与度，实行立法公示和听证制度。如何推进税收决策科学化、民主化，笔者认为：

一是将立法置于"阳光之下"，将税收立法的意图和具体内容通过媒体予以公布。增强税收立法、决策的透明度。

二是在治税理念上应以市场经济和宪政民主制度为基础，要把立法过程作为吸纳民意、沟通人民与执政党和政府联系的桥梁和纽带。让纳税人广泛参与税收立法讨论、执法过程以及监督税款使用情况，在保障国家行使征税权的同时，有效保障纳税人的财产权利，使政府内部"以权力制约权力"的制衡模式与政府外部"以权利制约权力"的社会控权模式相结合，来防止税权——公共权力的滥用。

三是实行立法听证制度，完善专家咨询制度，规范税收的立法形式，使立法听证成为税收立法制度而不仅仅是立法过程中听取意见的一种方式。这样可以有效弥补代议机关在了解民情、反映民意、集中民智方面不够充分和准确的缺陷，使所立之法成为良法。否则，就可能转变为服务于少数利益集团的"私人产品"。

（4）提升税收立法级次，完善我国税收实体法。今后我国税法改革的趋向应为：

一是强化税收法律，弱化行政规章。牢固树立税收立法权应由立法机关行使的理念，特别是构成我国税收法律体系基本框架的主体税种的立法，应由全国人大及常委会制定，充分保证税法的权威性。针对我国税法行政化色彩明显的特点，当务之急是必须将目前已执行多年的税收法规及规章、通知、批复等进行梳理，取消用红头文件代替税法的不规范行为，杜绝不法之"法"。

二是税收立法不仅要重制定，而且也要重修改，以体现立法活动中的与时俱进。

三是按照《立法法》的精神，对现行税种进行"升级"和"改造"。将增值税、消费税、营业税、企业所得税等一些重要的税种经过修改成熟后不失时机地将其升为法律，提高我国税法的级次和效力；对目前完全上升到法律尚有一定困难，不得不授权行政部门立法的税种，也应采取更加审慎的态度，对其立法范围、授权期限进行有效限制和约束，最大限度地减少以行政法规、部门规章尤其是以内部文件作为征税依据的做法构建立法规范、内容完整、统一的税法体系，以利于税收执法、司法和守法。同时尽快制定适应我国经济形势变化需要的相关实体税法，填补我国目前税收法律在社会保障、环境保护等方面的空白。

（5）规范立法行为，完善税收程序法。程序法是否完善是反映一个国家法治化水平高低的重要标志之一。今后应把程序法定的强化作为重要的价值趋向，在税收程序方面：凡与纳税人权利义务有直接关系的，应该立法，具体而言：

首先，应进一步完善《税收征管法》，使其成为名副其实的税收程序法，在此基础上制定规范的税务代理法、纳税人权利保护法、税务机关组织法等。

其次，实行税法先公布后执行的方式，使之于国际惯例接轨这不仅符合《立法法》规定的不溯及既往原则，而且有利于做好税法执行前的宣传和准备工作，也符合WTO所倡导的透明度原则。

总之，要根据我国《立法法》要求，注重立法技术，明确立法依据、实施日期等，提高税法质量。

（6）赋予省级政府适当的税收立法权。应从我国实际出发，按照"适度集中，合理分权"的原则，以中央集权为主，同时适当下放部分地方税的立法权，做到集中立法与适度分权的有机统一由于省（自治区、直辖市）级政府是中央与地方政府的权力交汇点，在地方各级政府中起主导作用，因此，地方的税收立法权应只赋予省（自治区、直辖市）级政府，不宜层层分散。同时，在赋予地方适度税收立法权的同时，应建立完善的监督约束机制，即地方在不违背国家税法统一，不影响中央政府对经济的宏观调控，不妨碍全国市场统一的前提下，根据本行政区域内地方性税源分布和财政需要，由省级立法机关自行设立地方性税种，以地方税收法规的形式颁布实施，并报全国人大常委会备案审查。备案作为事后监督，是对监督的"监督"，它有利于上级机关实施监督和下级机关接受监督。备案可以防止违宪的、违法的、不合理的税收法律法规损害相对人的合法权益。故此，下放部分地方税收立法权与完善备案审查制度必须同步进行，实现不同级次之间税法互相协调，从而保证税法的顺利实施及其作用的充分发挥。

第二节　税收滞纳金实体法的构成

一、税收滞纳金的构成要素

实体法关乎权利与义务关系主体的法律，在法学分类中，是相对于关于权利与义务程序之程序法的类别。如民法、刑法等法律即属于实体法。而与之相对的则是"程序法"，亦即规范各别权利义务关系应如何实现的法律，例如民事诉讼法、刑事诉讼法。而实体法有修正时，原则上必须以"法律不溯及既往"为原则，此与程序法遇修正时适用"程序从新"的原则不同。

实体法和程序法之间有着密不可分的关系，实体法为"体"，程序法为"用"，若无实体法，则程序法无用武之地，若无程序法，则实体法无实现之可能，二者相辅相成，互相为用。不过，在法院的审理过程，必须要遵循"先程序后实体"的步骤加以审理。另外，关于涉外民事法律案件的部分，基于"国内法官不适用国外程序法"的原理，必须要是国外的实体法始能适用。税收实体法是指税收立法权的立法主体规定税收当事人的权利和义务的产生、变更和消灭的法律。税收实体法具体规定了税种的征收对象、征收范围、税目、税率、纳税地点等内容，如《个人所得税法》。税收实体法的构成要素一般包括征税人、纳税义务人、征税对象、税目、税率、计税依据、纳税环节、纳税期限、纳税地点、减免税、法律责任等。其中，最基本的要素包括：纳税义务人、征税对象、税率。

（1）征税人。征税人是指代表国家行使征税职权的各级税务机关和其他征收机关。

（2）纳税义务人（简称纳税人）。纳税义务人是指依法直接负有纳税义务的自然人、法人和其他组织。扣缴义务人是税法规定的，在其经营活动中负有代扣税款并向国库缴纳义务的单位。

（3）征税对象。征税对象是指税收法律关系中权利义务所指向的对象，即对什么征税。

（4）税目。税目是指税法中规定应当征税的具体项目，是征税对象的具体化。

（5）税率。税率是指应征税额与计税金额（或数量单位）之间的比例，它是计算税额的尺度。比例税率，是指对同一征税对象，不论其数额大小，均按同一个比例征税的税率。累进税率，是指根据征税对象数额的大小，规定不同等级的税率。累进税率又分为全额累进税率、超额累进税率和超率累进税率、超倍累进税率等，如《个人所得税法》规定，工资、薪金所得适用超额累进税率；《中华人民共和国土地增值税暂行条例》规定，按土地增值额和扣除项目金额的比例的不同，适用超率累进税率。

定额税率，又称固定税率，是指按征税对象的一定单位直接规定固定的税额。

（6）计税依据。从价计征，是以计税金额为计税依据，计税金额是指课税对象的数量乘以计税价格的数额。从量计征，是以课税对象的重量、体积、数量为计税依据。

（7）纳税环节。纳税环节是指应缴纳税款的具体环节。

二、税收滞纳金实体法的分类

实体税法按征税对象性质的不同，可以分为：

1. 流转税法

流转税法是以商品流转额和非商品的劳务额为征税对象的税法，包括增值税法、消费税法、营业税法、烟叶税法、关税法。

2. 收益税法

收益税法是以纳税人的所得额或利润额为征税对象的税法，主要包括企业所得税法、土地增值税法、个人所得税法。

3. 行为税法

行为税法是对纳税人的特定行为课征税收的税法。包括固定资产投资方向调节税法（目前暂停征收）、印花税法、城市维护建设税法、船舶吨税法。

4. 财产税法

财产税法是以纳税人拥有或支配的某些财产作为征税对象的税法。包括车辆购置税法、房产税法、城市房地产税法、契税法、车船税法。

5. 资源税法

资源税法是对某些特定的自然资源，就其级差收入征收税收的一类税法。包括资源税法、耕地占用税法、土地使用税法。1994年开始的全面税制改革，我国建立了以流转税和所得税为主体、以其他税种为辅助的复合税制体系。

第三节　税收滞纳金程序法的构成

一、税收程序法的概念和功能

税收程序法是指税收立法权的立法主体为保护税收实体法所规定的权利与义务关系的实现而制定、认可、修改和废止的，用以规范税收征纳行为的法律规范。在最普遍的意义上，程序是指"事情进行的先后次序"或"按时间先后或依次安排的工作步骤"，如通常说的办事或者工作的顺序、电脑软件的设计程序、机器的操作规程等，就是这种意义上程序的体现。但在法学中，"程序"（process）一词有其专门的含义，是与"实体"相对称的一个法律形态，指按照一定的方式、步骤、时限和顺序做出法律决定的过程。但在界定税收程序的概念时，除了必须完整地把握法律程序的要素外，还必须明确税收程序在税法上的特定含义。我们认为，税法主要分为税收实体法和税收程序法。税收实体法主要是规定税收债务成立的税收要素法；而为了实现实体税收债务请求权，必须由征税机关的征税行为来具体完成，对调整征税行为及其所遵循的方式、步骤、时限的法律规定则构成税收程序法。税收程序是指税收征纳主体实施征纳行为及其所遵循的方式、步骤、时限和顺序的相互关系的总和。所谓税收程序法原则（基本原则），是指贯穿于税收程序法的制定和实施过程中，为税收程序法律关系主体必须遵循的基本行为准则。税收程序法原则是贯穿于所有税收程序法律规范的基本准则和内在精神，它对税收程序立法和税收程序法的实施具有重要的作用或影响。

第一，对税收程序立法的指导作用。在税收程序法的内部结构中，税收程序法原则位于税收程序法价值取向、目标模式和具体制度的中介，对税收程序法的制定提供纲领性指导作用。

第二，为税收程序法的解释和统一适用提供依据。由于原则是税收程序法内在精神和价值目标的体现，它对准确理解和执行税收程序法律规定将起到重要的指导作用，有助于防止解释和适用中的混乱。

第三，为征纳双方提供行为准则。当税收程序法对有关问题缺乏具体规定时，征纳主体的行为特别是征税行为应该符合作为具体规则本源的税收程序法原则的要求，使征税裁量权的行使不至于超出税收程序法精神和原则的调整范围。

第四，为法院的审判活动提供审判准则。

二、税收程序法的特征

第一，税收程序是征纳主体实施征纳行为的运行程序。税收征纳行为包括征税机关的征收行为和纳税人的缴纳行为，相应地税收程序也分为征税机关的税收征收程序和纳税人的税款缴纳程序。在税收程序中，基于税收债权的公益性和非直接对待给付性，国家征税权力的运行程序在税收程序中居主导地位，但征税机关与纳税人在税收程序中的法律地位是平等的，征税机关在主动启动和推进税收程序的过程中，应认真实行参与原则，为纳税人参加到税收程序中创造机会和条件，使征税机关和纳税人之间产生良性互动关系，富有成效地影响征税决定的制作过程和结果。

第二，税收程序是征纳主体为了实现税收实体债务请求权而实施的征纳行为。税收的非直接对待给付性，使得税收债务请求权的实现不同于私法上债务的履行，它必须借助于国家权力才能完成。征税主体依据国家法律赋予的征税职权而进行的征税行为，享有纳税人权利的纳税主体相应实施的纳税行为，它们共同构成了作为税收征纳程序内容的征纳行为，保证了税收这一公法上的金钱给付之债的及时全面履行。

第三，税收程序在运行时，其征纳行为的实质内容和表现形式是统一的。税收程序上的征纳行为由两个方面构成：一是征纳行为的实质内容，它是指以行使征税职权和履行纳税义务为实质内容的税收征纳权利义务；二是征纳行为的运行形式，是指征纳行为运行的方式、步骤、时限等表现形式。但正如事物的内容都离不开形式一样，任何一个征纳行为都是两方面的统一，没有实质性的征纳行为，就没有其表现形式的征纳程序。

第四，税收程序的构成要素除了主体（征税机关、纳税人等）和结果（征税决定）要素外，还包括方式、步骤、时限和顺序等时空要素。方式指完成某一征纳行为的方法及行为结果的表现形式；步骤指完成某一征纳行为所要经历的阶段，税收程序一般由程序的启动、进行和终结三个阶段组成；时限指完成某一征纳行为的期限；顺序指完成某一征纳行为所必经的步骤间的先后次序。行为的方式、步骤构成了征纳行为的空间表现形式，行为的时限、顺序构成了的征纳行为的时间表现形式，税收程序正是征纳行为空间和时间表现形式的有机结合。

第五，税收程序的运行结果是做出征税决定。在税收程序中，不论是税收征收程序还是税收缴纳程序，其程序结果都是由征税机关代表国家针对具体的课税事项做出征税决定，即征税机关为实现税收法律所规定的目标和任务，应纳税人等税收相对人的申请或依法定职权，依法处理涉及特定税收相对人某种权利义务事项的税收具体行政行为。

第六，税收程序是一种法律程序。税收程序主要是征税机关代表国家行使征税权力时所遵循的程序。

三、税收程序法的价值含义

所谓法律程序价值，既是指法律程序在运行过程中所要实现的价值目标，又是指人们评价和判断某一法律程序是否正当、合理的价值准则。根据价值关系中"目的"与"手段"的功能特性，法律程序的价值可分为两个基本方面：

第一，法律程序的外在价值。这是基于程序法与实体法的关系，以法律程序在形成某一公正的实体结果方面是否有用和有效作为价值标准。在这里，评价程序结果的标准是独立的，它们主要是实体正义、和平、秩序等。这些实体价值目标的要求相对于程序而言，是一种外在的更高目标。因此，一种法律程序能否产生好的结果或在多大程度上产生好的结果，是衡量其价值的一个标准，即其作为手段和工具的价值。

第二，法律程序的内在价值。这是指人们判断一种法律程序本身是否具有某些内在的优秀品质或善的标准。法律程序并不仅仅是实现实体结果的手段，它作为一个过程，应当具有其内在的、并不取决于能否产生某种好结果的内在的善，如公正、理性、人格尊严等。在这里，判断程序本身是否正当、合理的标准，要独立于评价程序结果的价值标准。因此，一种法律程序无论是否具有产生好结果的能力，只要它本身具备一些独立的价值品质，就应当认为具有价值，即作为目的的价值。此外，与程序的内在价值和外在价值密切相关的是程序的效率价值，它本身也是法律程序的一个独立的价值。

有关法律程序价值的理论学说，主要有程序工具主义和程序本位主义两种观点。程序工具主义又叫结果中心主义，是一种存在已久并且至今还有深远影响的理论学说。根据这种学说，法律程序的正当性只能从程序对其所要产生的直接结果的有利影响上得到证明。这就在事实上暗含着一个预设的逻辑前提：法律程序只是实现良好结果的工具或手段，而良好结果是由实体法规定或其应当追求的。因此，法律程序的唯一目的，就是最大限度地将实体法所体现的实质正义付诸实施。程序工具主义又有两个重要分支，一是绝对工具主义程序理论，二是相对工具主义程序理论。近年来出现的"经济效益主义程序理论"，也可归入工具主义程序理论的范畴。

程序本位主义则从程序自身的角度出发，对法律程序的价值做出了完全非工具主义的解释。这一理论认为，评价法律程序的唯一价值标准是看程序本身是否具备一些"内在品质"或"德性"，而不是程序作为实现某种外在目的的手段的有用性。程序应当最大限度地理性化从而体现形式公正，程序必须人道，为人的尊严和自主性等价值提供保障。程序本位主义理论向我们展示了法律程序的内在价值，并将程序的内在价值与人的人格尊严和道德主体地位联系在一起，为评价法律程序提供了一个独立的、非工具性的价值标准。

对税收程序价值问题的研究属于对税收程序法应然性的研究，它要在对税收程序进行评价的基础上，提出税收程序应有的价值取向、价值标准，为在税收程序作业中的价值平衡和选择提供理论指导。鉴于我国长期存在"重实体轻程序"的法律传统，法学理论界也尚未就税收程序的价值，特别是建立在程序正义基础上的税收程序内在价值问题进行深入研究，使得本应在税收法治中居于中枢地位的税收程序建设严重滞后。因此，研究和科学揭示税收程序的价值，有助于正确认识和发挥税收程序法的重要功能。

第四节　税收滞纳金的法律环境

一、建立税收滞纳金税务代理机制

税务代理是指税务代理人在国家税务总局规定的代理范围内，受纳税人、扣缴义务人的委托，代为办理税务事宜的各项行为的总称。从世界各国推行税务代理制度的具体情况来看，税务代理有两种基本模式：

一是以美国和加拿大为代表的松散性代理模式。这种模式的基本特征就是从事税务代理的人员分散在有关从事公证、咨询事务的机构，如会计师事务所、律师事务所，政府和税务当局不对税务代理人进行集中管理，不进行专门的资格认定，不要求组织行业协会。在这种模式下，税务代理业务及税务咨询业务往往是由注册会计师和律师兼办，没有专门的税务代理人员。

二是以日本为代表的集中性代理模式。这种模式的基本特征就是对从事税务代理业务的人员有专门的法律管理，对税务代理的业务范围、资格认定、代理人的权利和义务等，都有严格的规定，同时还设有专门的工作机构和督导税务代理业务的、介于官方与民间之间但又为官方所领导的行业协会。

在我国积极推行税务代理制度，不仅是社会主义市场经济发展的客观要求，也是强化税收征管工作的内在要求。实践表明，在税收征管工作中实行税务代理制度，既有利于形成纳税人、代理办税机构、税务机关三方相互制约的机制，协调征纳关系，也有利于维护纳税人的合法权益。其业务包括：

（1）办理税务登记、变更税务登记和注销税务登记；

（2）办理发票领购手续；

（3）办理纳税申报或扣缴税款报告；

（4）办理缴纳税款和申请退税；

（5）制作涉税文书；

（6）审查纳税情况；

（7）建账建制，办理账务；

（8）开展税务咨询、受聘税务顾问；

（9）申请税务行政复议或税务行政诉讼；

（10）国家税务总局规定的其他业务。纳税人、扣缴义务人可以根据需要委托税务代理人进行全面代理、单项代理或临时代理、常年代理。

税务代理是一项社会性中介事务，税务代理必须遵守以下三项基本原则：

1. 依法代理原则

法律、法规是任何活动都要遵守的行为准则，开展税务代理首先必须维护国家税收法律、法规的尊严，在税务代理的过程中应严格按照法律、法规的有关规定全面履行职责，不能超越代理范围和代理权限。只有这样才能既保证国家的税收利益，维护税收法律、法规的严肃性，又保护纳税人的合法权益，同时使其代理成果被税务机关所认可。因此，依法代理是税务代理业生存和发展的基本前提。

2. 自愿有偿原则

税务代理属于委托代理，税务代理关系的产生必须以委托与受托双方自愿为前提。纳税人、扣缴义务人有委托和不委托的选择权，也有选择委托人的自主权。如果纳税人、扣缴义务人没有自愿委托他人代理税务事宜，任何单位和个人都不能强令代理。代理人作为受托方，也有选择纳税人、扣缴义务人的权利。可见，税务代理当事人双方之间是一种双向选择形成的合同关系，理应遵守合同中的自愿、平等、诚实信用等原则。税务代理不仅一种社会中介服务，而且是一种专业知识服务，因而税务代理人在执行税务代理业务时也应得到相应的报酬，这种报酬应依照国家规定的中介服务收费标准确定。

3. 客观公正原则

税务代理是一种社会中介服务，税务代理人介于纳税人、扣缴义务人和税务机关之间，既要维护纳税人、扣缴义务人的合法权益，又要维护国家的税收利益。因此，税务代理必须坚持客观公正原则，以服务为宗旨，正确处理征纳矛盾，协调征纳关系。在税务代理过程中，既要对被代理人负责，又要对国家负责，代理行为既要符合国家法律、法规的规定，又要符合被代理人的意愿，而不能偏向任何一方。

税务代理的一般程序按其性质大体可分为三个阶段：准备阶段、实施阶段、代理完成阶段。

准备阶段是纳税人、扣缴义务人向税务代理机构提出税务代理时，税务代理机构要对要求代理方的有关情况进行调查，在此基础上确定是否接受该项代理业务。双方在充分协商取得一致意见后，签订委托代理协议书，约定代理内容、代理权限和代理期限。税务代理机构在受理某项代理业务后，应确定税务代理风险，编制税务代理计划、安排实施代理工作。

实施阶段是税务代理全过程的中心环节，其工作是按照代理计划，根据委托代理协议书约定的代理事项、权限、期限开展工作。

代理完成阶段是实质性的代理业务结束，此阶段的工作主要是整理代理业务工作底稿，编制有关表格，并将有关资料存档备查。

二、设立税收滞纳金委托代征机制

委托代征是指由税务机关依法委托的单位或个人代理税务机关和税务人员进行税款征收的活动。《中华人民共和国税收征收管理法实施细则》第四十四条规定："税务机关根据有利于税收控管和方便纳税的原则，可以按照国家有关规定委托有关单位和人员代征零星分散和异地缴纳的税收，并发给委托代征证书。受托单位和人员按照代征证书的要求，以税务机关的名义依法征收税款，纳税人不得拒绝；纳税人拒绝的，受托代征单位和人员应当及时报告税务机关。"这一规定是对《税收征管法》第二十九条"除税务机关、税务人员以及经税务机关依照法律、行政法规委托的单位和人员外，任何单位和个人不得进行税款征收活动"的具体落实。

（1）有利于税收控管的原则，保证国家税收及时足额入库是税务机关的最高宗旨，也是税收法律、行政法规得到公平、有效执行的根本标准。实施委托代征的重要原则就是便于控制税源或减少税收成本，防止税款流失。

（2）方便纳税的原则，提供优质服务，方便纳税人依法纳税，降低税收征收成本是国际税收发展趋势。由于我国幅员辽阔，部分边远地区交通不便，加之有些纳税人经营规模较小，纳税额低，纳税人每次到税务机关报税的时间成本和资金成本都比较高，因此，税务机关根据便利纳税的原则，可以依法委托网点分布广、深入到边远地区、通信设施或计算机联网好、业务密切相关的邮政、银行及交通管理等部门代征税款。

委托代征的范围，并不是所有税收都可以委托给其他单位和个人代征，根据《税收征管法》及其实施细则的规定，可能委托代征的税收有两类：

一是零星分散的税收，如储蓄存款利息所得个人所得税（以下简称利息税），尽管利息税收入不是一个小数目，但对具体的纳税人而言，每一笔存款的利息税都不多，而且存款提取的时间随机性很大，因此。该税种委托给储蓄机构代征，在纳税人取款时征收，既方便纳税人，又大大节约税务机关的征收成本。

二是异地征收的税款。将异地征收的税款委托代征，既可以解决税务机关管理矛盾，纳税人又不必为税收事项而异地奔波。

委托代征的程序，税务机关依照法律、行政法规的规定明确委托代征的范围、具体税种、税目及税收政策。

税务机关根据委托代征的范围，考察受托单位和人员是否具备受托代征税款的能力、素质等，确定受托代征单位和人员，并与受托单位和人员签订《委托代征税款协议书》。《委托代征税款协议书》明确税务机关与委托代征单位及人员的权利和义务，载明委托代征税款的税种、委托代征范围和权限、违约责任等。若税务机关一方情况发生变化，可单方面解除协议，但受托代征方不能单方解除协议，委托方应发给受托方《委托代征税款证书》。

委托代征必须经税务机关许可。

委托代征必须是税务机关依照法律、行政法规规定来进行委托代征。

委托代征必须是税务机关依照法律、行政法规规定的范围内来委托税务机关以外的单位和个人实施税款征收活动，而不是税务机关本身去直接实施税款征收活动。

三、构建税收滞纳金制度研究机制

税收滞纳金之构成要件包括：

一是税收债务的存在；

二是纳税义务人有履行税收债务的能力和可能；

三是纳税义务人须有不履行纳税义务的意识表示或者行为；

四是不存在纳税义务人拒绝履行责任阻却事由。

本书从"三方主体三重关系三层结构"的视角研究税收滞纳金完整的法律适用体系，研究的逻辑起点为"税收法律主义"；中心线索为"税收法律关系"的学说发展；研究内容涵盖"税收滞纳金核定""税收滞纳金减免""税收滞纳金复议与诉讼""税收滞纳金担保""税收滞纳金事先裁定""税收滞纳金听证""税收滞纳金代履行""税收滞纳金不当得利""税收滞纳金时效消灭"等。税收滞纳金制度包括税收滞纳金的发生、变更和消灭阶段涵盖的各个制度，包括不当得利与返还请求权制度，概括转移与继承制度，第三人代履行制度，法人人格否认与连带责任制度，民事代理与民事责任制度，行政救济与行政责任制度，行政刑罚与刑事责任制度，担保与保全制度、税收滞纳金优先权制度等。

详述展开如下：税收滞纳金制度法律责任适用，根据税收滞纳金生命周期探讨适用民法、行政法和刑法，还应建立税收滞纳金制度体系。

首先，税收滞纳金依据国家税收债权附带产生，计算征收的起点为纳税人未履行纳税处理决定的征收期限届满之日，在税收滞纳金的"核定期"与"计征期"内，税收滞纳金制度受到"民事责任"调整，即履行国家税收请求权之金钱给付义务。

其次，根据行政强制法规定，税收滞纳金无正当理由不履行，既不提起行政复议又不申请延期、分阶段履行的（行政强制法规定为30日，笔者建议3个月时间为妥当），税务机关移送强制执行。因税收滞纳金及税收征收为"征税行为"，税务机关享有"自力执行权"，此阶段的税收滞纳金适用法律关系应为"民事责任与行政责任"的复合，即履行税收滞纳金给付义务和接受行政机关做出的诸如行政强制措施与执行等行政行为。

最后，税收滞纳金案件税务机关移送强制执行，发现纳税义务人存在主观过错，有逃避征税、逃税、骗税、抗税或发票类犯罪行为或者有能力履行而拒不履行的，税务机关与公安机关、人民法院建立联动机制①，启动刑事拘留、侦查和审判程序。税收滞纳金制度适用"民事责任、行政责任与刑事责任"复合阶段，税务机关不再享有自由裁量权。

四、加强国外税收滞纳金制度借鉴

本书以税收滞纳金制度为研究对象，通过税收行政诉讼"司法案例"提出税收滞纳金广泛存在的问题。其理论上的创新点体现在：

（1）提出税收滞纳金区别于税金"公益性和强制性"的概念，提出民法适用之于国家税收债权体现在：

一是引入民法担保、代位权、撤销权和优先权制度，有效预防和消除恶意的财产处置行为；

二是引入法人人格否定、连带责任，把税收滞纳金的第三人履行纳入税收征管体系。民法之于纳税人利益保护体现在引入担保制度代替强制措施、保全政策和强制执行，保障企业基本的经营权；引入税收滞纳金消灭时效制度和税收滞纳金抗辩权和民事诉讼权，基于民法公平理念促进税收矛盾化解。

（2）突破了税收滞纳金制度以行政法约束为主的法律适用，将税收滞纳金的产生、发展和消灭阶段分别适用民事责任、行政责任和刑事责任，结合司法实践案例就税收滞纳金制度"三元理论"做了有益的理论前瞻。

（3）梳理了我国税收滞纳金制度的变迁及域外税收滞纳金制度的有益借鉴，提出改变税收滞纳金以"违法责任"为核心的单向设计理念，制度设计上不仅包括税收滞纳金对欠税违法行为的责任追究，也包括了税收滞纳金司法救济、精简行政义务实效、保障多缴误缴等纳税义务人债权的保护以及纳税人信息保护等。弥补行政法规制下的税收滞纳金"封闭规制""事后规制"和"行政僵硬"等问题。

谭冰霖（2018）认为，税收滞纳金作为《税收征管法》基础征税手段，侧重其"规制功能"的发挥。税收滞纳金作为行政秩序罚，其主要功能体现在法律威慑、风险预防和提高税收遵从度。此三个维度的规制补强，本文做了以下几方面的努力：

---

① 参见上海市国税局与上海市最高人民法院建立涉税案件联动机制。苏州市国税局与公安机关就专门的欠税案件开展合作，笔者于2017年11月28日代理因欠缴税款、税收滞纳金和罚款而引起的虚开增值税专用发票案［案号（2017）苏0508刑初879号］，从纳税义务人缴纳税款期限届满至刑事拘留仅用了1天。税务、公安的联动提高效率效果明显。

一是法律威慑性维度引入了税收滞纳金征收率"累进制度"和税收滞纳金欠缴"限期案件移送"制度；

二是风险防范维度建立税务机关"税收宣传"制度和税收滞纳金"和解、分期履行、第三人履行"制度；

三是提高税收遵从度从纳税"理性经济人"角度平衡。以及探讨税收"预约裁定""税务专门法院"制度和税收滞纳金"委托代征（PPD）"制度。

虽然笔者有税收滞纳金的实践工作经验，但是限于学力和从事理论研究能力的有限，司法实践中相关案例辅证不足，仍处于学术探讨和实践尝试阶段；税收滞纳金的法律性质界定，国内学者现有理论较多，所援引国外税法及债法概念在我国的适用普遍性有待实践的检验和实定法的立法规范①。另外，本文所援用的文献资料，笔者虽尽最大努力参阅日本、美国、德国税法和中国台湾地区的有关规定，以及国内相关译著、硕博学位论文和最新期刊论丛，但笔者日文和德文水平所限，援用的观点非一手资料，难免存在观点偏差，诚为遗憾。

---

① 例如，我国《2015税征草案》将税收滞纳金和税收利息分离开来，部分学者的行政秩序罚和损害赔偿学说理论转变为"税收滞纳金行政秩序罚"。但是行政秩序罚（Ordnungsstrafe）一次为域外德国法律概念"舶来品"："用以作为一种加重的行政命令，而以罚款为手段，对于不遵守行政法规或不遵守行政义务者的一种警告"。若为德语这一解释秩序罚当为行政处罚范围；我国税收滞纳金的秩序罚性质解释为："并非行政相对人违反法规，而是行政机关对相对人提出作为或者不作为的要求，本身不存在处罚性不属于行政处罚的范围"。从税收滞纳金的实践效果来看，这一域外概念的中国移植，不具有"适用的普遍性"。

参考文献

一、中文著作

陈新民，2002. 中国行政法学原理 ［M］. 北京：中国政法大学出版社.

江平，1991. 中国司法大辞典 ［M］. 长春：吉林人民出版社.

刘剑文，熊伟，2016. 财政税收法 ［M］. 5 版. 北京：法律出版社.

林纪东，1976. 行政法 ［M］. 台北：三民书局.

杨仁寿，1999. 法学方法论 ［M］. 北京：中国政法大学出版社.

邹瑜，1991. 法学大辞典 ［M］. 北京：中国政法大学出版社.

苏嘉宏，洪荣彬，1999. 行政法概要：行政法的基本概念、行政作用法、行政组织法 ［M］. 台北：台湾旭升图书有限公司.

施正文，2008. 税收债法论 ［M］. 北京：中国政法大学出版社.

陈清秀，2012. 税法总论 ［M］. 7 版. 北京：元照出版有限公司.

刘剑文，熊伟，2004. 税法基础理论 ［M］. 北京：北京大学出版社.

郑玉波，2004. 民法债编总论 ［M］. 北京：中国政法大学出版社.

陈刚，2001. 宪法化的税法学与纳税者基本权：代译者序 ［M］. 北京：中国检察出版社.

刘剑文，2017. 税法学 ［M］. 5 版. 北京：北京大学出版社.

张守文，2016. 税法原理 ［M］. 7 版. 北京：北京大学出版社.

章炜，1989. 税务辞典 ［M］. 北京：中国财政经济出版社.

王丽萍，李洪武，2008. 债权法学 ［M］. 青岛：山东大学出版社.

黄茂荣，2011. 法学方法与现代税法 ［M］. 北京：北京大学出版社.

王明世，2016. 税收预约裁定制度：路径与方法选择 ［M］. 北京：中国税务出版社.

陈长文，2003. 财经法律与企业经营：兼述两岸相关财经法律问题 ［M］. 北京：北京大学出版社.

葛克昌，2013. 税法解释与判例评注 [M]. 北京：法律出版社.

刘剑文，王桦宇，2014. 两岸税法比较研究 [M]. 台北：台湾元照出版有限公司.

二、中文论文

张婉苏，2013. 滞纳金制度研究 [D]. 南京：南京大学.

杨庆华，2007. 滞纳金的四大法律困惑 [J]. 广东广播电视大学学报（5）：83-87.

李刚，2018. 税收滞纳金的功能与性质的界定方法：利罚参照比较法：从海峡两岸比较的角度 [J]. 税务研究（5）：68-74.

莫良元，2012. 转型社会司法法治生成的应然目标与多维价值 [J]. 学海（5）：134-138.

张博渊，2010. 社会建设视野下的法律制度供给时序均衡问题研究 [J]. 河北法学（5）：134-138.

虞青松，2018. 我国构建税收事先裁定制度的模式选择 [J]. 税务研究（11）：82-86.

王利民，易军，2008. 改革开放以来的中国民法 [J]. 中国社会科学（6）：134-147.

王天华，2014. 行政行为执行力的观念及其消弭：我国行政义务实效确保手段研究之刍议 [J]. 当代法学（5）：34-43.

杜永奎，2010. 我国税收滞纳金制度评析 [J]. 财会月刊（6）：47-49.

翟继光，2007. 税收债务关系说：产生的社会基础与现实意义 [J]. 安徽大学法律评论（8）：126-140.

王霞，陈辉，2015. 税收救济双重前置的法律经济学解读规则 [J]. 税务研究（3）：78-82.

黄士洲，2015. 一般反避税立法实践的比较研究：以中国台湾地区、日本、德国税法相关规定与实例为主线 [J]. 交大法学（1）：137-139.

孙成军，2014. 税收之债不履行的构成要件 [J]. 税务研究（5）：53-58.

蓝虹，2004. 科斯定理与环境税设计的产权分析 [J]. 当代财经（4）：42-45.

冯凯，2004. 分期履行之债的诉讼时效适用基础：请求权的可分性分析 [J]. 西北政法大学学报（4）：89-94.

张慰，2014. 公平视野下的德国简化税法改革方案：基于保罗·基尔希霍夫教授税收正义理论的公法学思考［J］. 西南政法大学学报（1）：3-11.

史学成，2004. 税收法律关系理论的国际化比较研究与本土化建构［J］. 财税法论丛，（1）：318-362.

余鹏峰，2017. 海峡两岸反避税的分野与合流：基于法律规则的比较分析［J］. 福建师范大学学报（哲学社会科学版）（4）：34-43.

刘剑文，杨汉平，魏建国，2001. 新《征管法》在我国税法学上的意义［J］. 税务研究（9）：7-14.

黄茂荣，1987. 论税捐之滞纳金［J］. 台大法学论丛（2）：69-117.

刘东亮，2002. 荷兰行政强制法律制度简介［J］. 行政法学研究（2）：86-96.

王洪芳，2010. 论执行罚的数额及其法律规范［J］. 行政与法（4）：26-29.

熊可，2008. 税法与民商法的关联性研究：制度对接中的冲突与协调［D］. 北京：北京大学.

李若澜，2015. 我国税款滞纳之附带给付制度探讨：以日本附带税为鉴［D］. 上海：华东政法大学.

王林清，2015. 民间借贷利率的法律规制：比较与借鉴［J］. 比较法研究（4）：185-200.

李刚，2018. 税收滞纳金的功能与性质的界定方法：利罚参照比较法：从海峡两岸比较的角度［J］. 税务研究（5）：68-74.

陈劲松，2014. 我国税务行政复议前置程序的评判及重构［D］. 北京：中国政法大学.

靳凤林，2013. 效率与公平：现代行政的价值尺度［J］. 南昌大学学报（人文社会科学版）（5）：1-8.

叶金育，2015. 税法解释中纳税人主义研究［D］. 武汉：武汉大学.

周远玲，安忠平，2008. 我国税务行政处罚听证制度的立法完善：基于纳税人权利保护视角［J］. 哈尔滨学院学报，29（3）：62-65.

丁作提，2011. 偷税，逃税，抑或骗税：基于税法法律概念关系理论的解释［J］. 财税法论丛（1）：85.

席卫群，胡芳，2018. 税收事先裁定制度在我国的建立：前景与挑战［J］. 税务研究（7）：74-75.

张明楷，1995. 行政刑法辨析［J］. 中国社会科学（3）：94-118.

张晋，2018. 民事执行中不动产处置涉税冲突问题分析［EB/OL］. （2018-01-22）［2019-12-11］. http://cdfy.chinacourt.gov.cn/article/detail/2018/01/id/3181136.shtml.

叶金育，2013. 债法植入税法与税收债法的反思：基于比例原则的视角 [J]. 法学论坛，28（3）：135-160.

王语心，王耀鑫，王根富，2017. 关于税收利息制度若干问题的探讨 [J]. 税务研究（4）：68-72.

刘剑文，2013. 作为综合性法律学科的财税法学：一门新兴法律学科的进化与变迁 [J]. 暨南学报（哲学社会科学版）(5)：25-35.

王文钦，1991. 英国判例法上反避税政策的演变 [J]. 中外法学（1）：104.

张一雄，2014. 论行政行为形式选择裁量及其界限：以公私合作为视角 [J]. 行政法学研究（1）：127-132.

叶名怡，2018. 个人信息的侵权法保护 [J]. 法学研究，40（4）：83-102.

谭冰霖，2018. 环境行政处罚规制功能之补强 [J]. 法学研究，40（4）：151-170.

三、中文译著

埃德加·博登海默，2004. 法理学、法哲学与法学方法 [M]. 邓正来，译. 北京：中国政法大学出版社.

G. 拉德布鲁赫，2005. 法哲学 [M]. 王朴，译. 北京：法律出版社.

道格拉斯·C. 诺斯，1994. 制度、制度变迁与经济绩效 [M]. 刘守英，译. 上海：上海三联书店.

伯纳德·斯瓦茨，2011. 美国法制史 [M]. 王军，译. 北京：法律出版社.

奥托·梅耶，2002. 德国行政法 [M]. 刘飞，译. 北京：商务印书馆.

新井隆一，1984. 税法之理论基础 [M]. 林燧生，译. 台北：台湾"财政部财税人员培训所".

哈特穆德·毛雷尔，2000. 行政法学总论 [M]. 高家伟，译. 北京：法律出版社.

金子宏，1989. 日本税法原理 [M]. 刘多田，译. 北京：中国财政出版社.

罗伯特·阿列克西，2001. 法律论证理论：作为法律证立理论的理性论辩理论 [M]. 舒国滢，译. 北京：中国法制出版社.

R. 科斯，1991. 财产权利与制度变迁 [M]. 上海：上海三联书店.

凯文·E. 墨菲，马克希金斯，2001. 美国联邦税制 [M]. 解学智，等译. 大连：东北财经大学出版社.

北野弘久，2001. 税法学原论 [M]. 4 版. 陈刚，杨建广，等译. 北京：法律出版社.

后记

税收滞纳金不仅具有税收的普适性能，而且保有税法学学科的独特秉性。2015年，《中华人民共和国税收征收管理法修订草案（征求意见稿)》引入了"税额确认""税收利息"及"预约裁定"等制度，然而，其中仍然缺失税收构成要件基本概念、范畴与合理的逻辑结构，缺乏定性要素和定量要素、法定可税事由与识别应税事的阶层结构，这些共同导致税收滞纳金已然偏离税收构成理论预设的轨道。我国尚未出台行政程序法，亦缺乏税法的司法判例和司法解释，税法学并未完成独立理论体系建立和价值统一。具体到"税收滞纳金"，其不足主要表现在缺乏法律性质、表现形式、法律后果及法律救济等完整自治的逻辑。税收滞纳金"法律应然"通过税收滞纳金的征收，促进欠缴税款的及时回收。而其"法律实然"成为税款的一部分或者是地方财政收入的增收途径。笔者尝试修正税收滞纳金理论、探讨税收滞纳金法律性质，从税收滞纳金产生、征管及消灭的全生命周期讨论相关制度的完善，分清税收滞纳金制度与税收制度的理论差异，研究民法适用调整的新领域，从而增加民法、行政法和刑法适用与税收滞纳金制度的耦合性。

税收滞纳金制度作为税收征管制度的核心部分，实现并调整社会基本资源的配置和财政收入。从其历史与延展来看，税收滞纳金制度的发展受制度经济学纳税义务人"理性经济人"与税收征管主体"行政优先"利益的博弈结果的影响。基于此，任何阶段的税收滞纳金制度只在当前周延，它表现为"制度立法""制度衔接"和"制度主体"三个部分的协调。本书分析了税收滞纳金的制度变迁，总结其理论基础，探讨税收滞纳金制度权利义务的对等性、空间和对象上的同一性等税收滞纳金独特性质。本书借鉴税收权力关系说、税收债务关系说和税收独立学说，总结税收滞纳金的损害赔偿说、行政处罚说、行政秩序罚说及其他学说，进而刍议税收滞纳金"三元理论"架构，并且探索税收滞纳金制度的法益保护、法域衔接与权利救济三个维度的规制补强，从而建立完整税收滞纳金制度体系。

汪小龙

2021 年 4 月